関与先から相談を受けても困らない！

デジタル
財産の
税務 Q&A

税理士法人チェスター　　税理士

著 河合 厚　　　　　　柳谷 憲司

小林 寛朋

ぎょうせい

は じ め に

　一般的に「財産」を用いた商取引や財産形成に対しては、その「財産」が現実社会に実在するものとして、所得税、法人税、消費税、相続税等の各税の課税上の取扱いを検討することとなります。

　しかし、近年、目に見えないデータ上の財産、更には仮想空間における財産が身近なものとなってきました。

　例えば、電子マネーが内蔵されたスマートフォンやスマートウォッチでは、交通機関や店舗での支払いが可能となっています。

　また、暗号資産は、法定通貨ではないものの、物品の購入の対価の弁済のためなど、不特定多数の者に対して使用することができます。

　ブロックチェーン技術を用いた暗号資産、NFT、メタバース上の財産、DAOの権利、DeFiなどのほか、ブロックチェーンを用いてないFacebookやLINEのアカウント、ネット銀行の預金、ネット証券の有価証券、PayPay、楽天ペイ・Edy、LINE Payなどの電子マネーなど、様々なデジタルデータを用いた財産が誕生しています。

　これら資産性のあるデジタルデータはすべて、デジタル財産と言えるでしょう。

　更に、デジタル財産を用いた商取引や財産形成は、当然、所得税、法人税、消費税、相続税の対象となってきます。

　しかし、デジタル財産に対し、国税当局から示されている取扱いは、暗号資産とNFTの取引の一部に留まっており、それらの取引の非居住者に対する課税や消費税法上の取扱い、メタバースやDAOの課税上の取扱いについては今のところ示されていない状況にあります。

　また、そもそも、デジタル財産については、議論の前提となる仕組みや用語に関する情報が断片的に存在していて情報収集に時間がかかり、かつ、その説明が難解で理解できないという声も聞かれます。

　そこで、本書は、デジタル財産の基礎知識や課税上の取扱いについて、

できるだけ分かりやすく解説することを心掛け、執筆いたしました。

　特に、所得税・法人税・消費税・相続税・贈与税の取扱いについては、様々なデジタル財産ごとに、現行税制の取扱いをベースに、国税当局から見解の示されていないものを含めQ＆A形式で解説しています。

　なお、デジタル財産は、日々、新しい商品が開発され、また、新しい形態が生まれています。

　本書が、既存のデジタル財産の理解及び税務の取扱いの参考に資するとともに、新しく生まれてくるデジタル財産の課税上の取扱いの参考になれば幸いです。

　令和4年12月

河合厚　柳谷憲司　小林寛朋

目　次

I　デジタル財産の基礎知識

II　暗号資産

III   NFT

IV   メタバース

V　DeFi

VI　DAO

凡例

所得税法→所法

所得税法施行令→所令

所得税法施行規則→所規

所得税基本通達→所基通

法人税法→法法

法人税法施行令→法令

法人税法施行規則→法規

法人税基本通達→法基通

相続税法→相法

相続税法施行令→相令

相続税法施行規則→相規

相続税法基本通達→相基通

財産評価基本通達→評基通

消費税法→消法

消費税法施行令→消令

消費税法施行規則→消規

消費税法基本通達→消基通

租税特別措置法→措法

令和３年12月22日付課総12号他５課共通「暗号資産に関する税務上の取扱いについて（情報）」→暗号資産情報

タックスアンサーNo.1525-2　NFTやFTを用いた取引を行った場合の課税関係→NFTタックスアンサー

最高裁判所民事判例集→民集

最高裁判所裁判集民事編→集民

税務訴訟資料→税資

I

デジタル財産の
基礎知識

1　デジタル財産とは　基本

> **Q** デジタル財産とは、どのようなものでしょうか？

> **A** デジタル財産とは、デジタルデータのうち、資産性のあるものすべてをいいます。したがって、ネット金融機関の預金・有価証券、**PayPay**などの電子マネー、暗号資産、**NFT**、メタバース上の財産、**DAO**の権利などは、デジタル財産といえるでしょう。

解説

1.　デジタル財産とは

　デジタル財産とは、デジタルデータのうち、資産性のあるものすべてをいいます。デジタル財産には、暗号資産、NFT、メタバース上の財産、DAOの権利などブロックチェーン技術を用いたデジタル財産のほか、FacebookやLINEなどのアカウント、ネット銀行の預金、ネット証券の有価証券（FX取引を含む）、PayPay、楽天ペイ・Edy、LINE Payなどの電子マネー、各種店舗・マイレージポイントなどブロックチェーン技術を用いていないデジタル財産があります。

2.　相続税の観点から

　デジタル財産は相続税の課税対象及び評価方法の観点から、FacebookやLINEなどのアカウントである「一身専属的デジタル財産」、ネット銀行の預金、ネット証券の有価証券、PayPay等の電子マネー、暗号資産などの「通貨型デジタル財産」、相続開始時には価値はあるものの年数経過により収益性が低減するデジタルコンテンツなどの「逓減型デジタル財産」、NFT、メタバース上の財産、DAOの権利（ガバナンストークン）などの「その他デジタル財産」に分けられます。

2　デジタル財産に関する法令・ガイドライン 基本

> **Q** デジタル財産に関連する法令やガイドラインにはどのような
> ものがありますか？

> **A** 法令としては、資金決済法、銀行法、金融商品取引法、割賦
> 販売法、会計基準としては、実務対応報告第38号、税務に関
> するガイドラインとしては、国税庁が公表している情報など
> があります。

解説

　デジタル財産に適用される可能性のある法令としては、資金決済法、
銀行法、金融商品取引法、割賦販売法などがあります。デジタル財産の
法的性質について次頁のフローチャートのとおり整理することができま
す。

　フローチャートで、「暗号資産」「前払式支払手段」「為替取引」に分
類される場合は、資金決済法が適用される可能性があり、「為替取引」
については銀行法、「有価証券」については金融商品取引法、「後払い式
のデジタルマネー」については割賦販売法が適用される可能性がありま
す。

　会計基準については、暗号資産の処理に関して、企業会計基準委員会
から「資金決済法における仮想通貨の会計処理等に関する当面の取扱い」
（実務対応報告第38号）が公表されています。また、暗号資産交換業の
自主規制団体である一般社団法人日本暗号資産取引業協会が「暗号資産
取引業における主要な経理処理例示」を公表しています。

　税務に関するガイドラインとしては、国税庁から、「暗号資産に関す
る税務上の取扱いについて（情報）（令和3年12月22日）」と、タックス

アンサー「No.1525-2　NFTやFTを用いた取引を行った場合の課税関係」が公表されています。

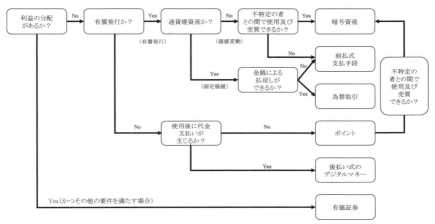

（出典）河合健ほか「デジタルマネー・デジタルアセットの法的整理（第1回）法的分類と枠組み」
NBLNo.1157を基に作成

3　デジタル財産は相続財産となり得る
か 贈与税・相続税

> **Q** | デジタル財産は、相続財産になりますか？

> **A** 相続財産の対象とならない「一身専属的デジタル財産」以外
> のデジタル財産については、相続財産となります。
> FacebookやLINEなどのアカウントは、他者に引き継ぐこ
> とができない一身専属性のサービスとされています。
> Google、YouTubeなど他者に引き継ぐ（相続する）こと
> が可能なアカウントによるデジタルコンテンツは、一身専属
> 的な権利には当たらず、財産的価値があると認められるもの
> については、相続財産となります。

解説

1．デジタル財産は相続財産になるのか

　相続の開始があった場合、相続人は、被相続人の一身に専属したもの
を除き、被相続人の財産に属した一切の権利義務を承継します（民法
896）。

　相続税の課税物件である相続財産には、財産に関する権利の対象とな
る一切のもの及び権利が含まれます（相基通11の2-1）。

　相続財産には、法律上の根拠を有する①不動産や動産の所有権や占有
権などの物権、②預金や貸付金、役務の提供に係る債権、③著作権や特
許権、商標権などの無体財産権などのほか、営業権のような法律上の根
拠を有しないものも含まれます。更には、生命保険金や死亡退職金など、
被相続人から相続又は遺贈により取得していない財産も「みなし相続財
産」として相続税の課税対象になります（相法3①ほか）。

　ただし、医師免許、税理士資格などの国家資格や生活受給権など、一身専属的な権利（一身専属権）は相続の対象から除かれています（民法896ただし書）。

　これらの財産について、「デジタルデータのうち、資産性のあるものすべて」を「デジタル財産」と定義するとすれば、相続財産の対象とならない「一身専属的デジタル財産」以外のデジタル財産については、相続財産となるでしょう。

　なお、一身専属的デジタル財産以外のデジタル財産は、その評価方法から、「通貨型デジタル財産」「逓減型デジタル財産」及び「その他デジタル財産」に分けられます。

２．相続財産とならないデジタル財産（一身専属的デジタル財産）
（１）FacebookやLINEなどのアカウント

　上記のとおり、医師免許、税理士資格などの国家資格や生活受給権など、一身専属的な権利（一身専属権）は相続の対象から除かれています（民法896ただし書）。デジタル財産においても、FacebookやLINEなどのアカウント（ユーザーがネットワークやコンピュータやサイトなどにログインするための権利）は、他者に引き継ぐことができない一身専属性のサービスとされています。

　被相続人がFacebookやLINEなどのデジタルコンテンツから収益を得ていたとしても、そのコンテンツに係るアカウントを相続により引き継ぐことができなければ、相続開始時に価値が消失してしまうこととなります。

　また、アフィリエイトに係るサイト・ブログについても、その運営元の規約で、死亡時に契約終了となっているものは、上記と同様、相続財産にならないと考えられます。

（注）Facebookでは、利用者の氏名をアカウントに使用することとされ、
　　　かつ、その譲渡は禁止されています（Facebook利用規約３．１．）。

　なお、利用者が亡くなった後に友達や家族が集い、その人の思い出をシェアする追悼アカウントを設定しておくことはできます（Facebook利用規約４．５．５．）。

　また、LINEでは、「本サービスのアカウントは、お客様に一身専属的に帰属し（中略）第三者に譲渡、貸与その他の処分または相続させることはできません。」とされています（LINE利用規約４．６．）。

（２）Google、YouTubeなどのアカウント（他者に引き継ぐことが可能なアカウント）

　Googleは、一定期間アカウントを利用していない場合や、死亡したユーザーの家族などは、アカウントに関し、「閉鎖」「アカウントからの資金取得」「アカウントからのデータ取得」を選択することができます。また、YouTubeアカウント（YouTubeチャンネル）も、他者に引き継ぐことができます。

　このように他者に引き継ぐ（相続する）ことが可能なアカウントによるデジタルコンテンツは、一身専属的な権利には当たらず、これらのうち相続開始時において財産的価値があると認められるものについては、相続財産となります。

３．通貨型デジタル財産

　通貨型デジタル財産とは、同じ価値を持つ現金などと代替可能なデジタル財産です。

（１）通貨型デジタル財産の概要

　「通貨型デジタル財産」には、ネット銀行の預金、ネット証券の有価証券（FX取引を含む）、PayPay、楽天ペイ・Edy、LINE Payなどの「プリペイド型」電子マネー、各種店舗・マイレージポイントなどが挙げられます。

　なお、各種店舗のマイレージポイントなどは、被相続人から、これらの権利を承継して、行使できるものが相続財産となります。

　また、暗号資産（仮想通貨）などFT（代替性トークン）を用いた財産も、通貨型デジタル財産に含まれます。

（2）パスワードが不明なデジタル財産

　被相続人からデジタル財産を相続等により取得したものの、そのパスワードが分からず、現金化できない場合、それが相続財産になるか否かが問題となります。

　平成30年の参議院財政金融委員会において、パスワードが分からない暗号資産（仮想通貨）について、「相続人が被相続人のパスワードを知らない場合であっても相続人は被相続人の保有していた仮想通貨を承継することになりますので、その仮想通貨は相続税の対象となる」旨、国税庁より答弁されています。

　このことから、パスワードが分からず現金化できないデジタル財産についても、相続財産になるものと考えられます。

　ただし、相続人はパスワードが分からず現金化できない財産に対し、国税当局が税務調査を通じて財産価値を算定し更正処分を行うことができるのかについては疑問です。

4．逓減型デジタル財産

　逓減型デジタル財産とは、上記3．以外のデジタル財産の中で、その価値の逓減が見込まれるデジタル財産です。

　「逓減型デジタル財産」には、デジタルコンテンツ、アフィリエイトサイト、ブログなどのうち、相続開始時には資産価値があり、かつ著作権のように、年数を経過するとともに収益性が逓減していくと見込まれるものが挙げられます。

　なお、YouTubeアカウント、アフィリエイトサイト・ブログなどの各コンテンツ規定上、販売が禁止されていても、相続により引き継ぐことが可能なものは、「逓減型デジタル財産」に含まれるでしょう。

5．その他デジタル財産

　一身専属的デジタル財産、通貨型デジタル財産及び逓減型デジタル財産に含まれない「その他デジタル財産」とは、NFTアート、NFTトレーディングカード、メタバースファッションなどのデジタルコンテンツ、メタバース上で所有している土地など（以下「NFT・メタ財産」という）、DAOの権利など、相続開始時に価値の逓減が見込まれない（価値の変動が見込まれる）デジタル財産をいいます。

　これらのNFT・メタ財産は、ここ１、２年で幅広く普及し、販売流通されるようになってきており、今後、その市場は更なる拡大が想定され、これらコンテンツの種類、価格変動の予測ができない状況にあります。

　なお、アドレスのドメインなど、他に販売できる財産的価値を有しているデジタル財産も「その他デジタル財産」に含まれます。

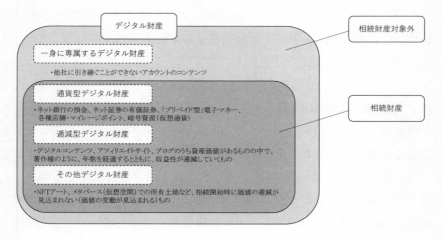

4　デジタル財産の評価 [贈与税・相続税]

> **Q** 贈与税や相続税の計算上、デジタル財産はどのように評価しますか？

> **A** 通貨型デジタル財産は、贈与又は相続開始時現在の残高又は価値相当額が、財産の評価額となります。逓減型デジタル財産は、著作権の評価に準じて評価することが合理的でしょう。NFT・メタバース上の財産などのその他デジタル財産は、一般動産又は書画骨董品の評価と同じく売買実例価額、精通者意見価格等を参酌して評価することが合理的でしょう。

解説

　デジタル財産を相続した場合、相続税の課税対象になるか否か、及びその評価方法については暗号資産を除き、特に国税庁から示されていません。なお、暗号資産については、「暗号資産情報」が示されています。

　具体的な評価方法が示されていないからといって、贈与や相続財産の対象外とすることはできません。よって、「通貨型デジタル財産」「逓減型デジタル財産」及び「その他デジタル財産」のそれぞれのデジタル財産について、財産評価基本通達及び「暗号資産情報」により、次のとおり評価することが合理的であるものと考えられます。

1．通貨型財産
（1）ネット銀行の預金、ネット証券の有価証券、「プリペイド型」電子マネー
　贈与又は相続開始時現在の残高が、財産の評価額となります。
（2）各種店舗のポイントやマイレージポイントなど
　相続人が承継した権利の価値相当額が、相続財産の評価額となります。

　なお、この権利の価値相当額は、その権利行使により受けることができる①商品等の割引相当額、又は、②交換可能な物品の価額相当額と考えられます。

（3）暗号資産

ア　相続等で取得した暗号資産の評価

　相続や贈与により取得した暗号資産については、次のとおり評価します（「暗号資産情報」26、27）。

（ア）活発な取引が行われているなど、客観的交換価値が明らかな暗号資産は、外国通貨に準じて、被相続人や相続人が取引を行っている暗号資産交換業者（GMOコイン、DMM Bitcoin、Coincheckなど）が公表する課税時期における次の取引価格により評価します。

　　①　暗号資産交換業者が、購入価額と売却価額をそれぞれ公表している場合には、納税者がその取引業者に売却する価格

　　②　納税者からの求めに応じ、暗号資産交換業者が発行する相続開始日現在の残高が記載された「残高証明書」に記載された取引価格

　　③　納税者が複数の暗号資産交換業者で取引を行っていた場合は、相続人が選択した暗号資産交換業者が公表する取引価格

（イ）活発な市場が存在しない暗号資産の場合には、売買実例価格、精通者意見価格等を参酌して評価します。

　なお、暗号資産によっては、相続開始日現在の日本円との換算レートが明らかでないものもあることから、「残高証明書」を求める際には、相続開始日現在（その日の最終取引時間）における日本円との換算レートの確認も行う必要があります。

（注）暗号資産は上場株式等と異なり、相続開始日現在の最終価額のほか、課税時期の月を含む3か月の毎日の最終価額の平均額のうち、最も低い価額を評価額とする取扱い（国税庁タックスアンサーNo.4632、評基通168～172）はなく、相続開始日現在の最終価額で

のみ評価することになります。

イ　暗号資産を譲渡した場合

　相続により暗号資産を取得した相続人は、相続税負担や事後の暗号資産の運用への懸念により、相続開始後に暗号資産を売却（日本円と交換）することがあります。

　この場合、次の算式による金額が原則として相続人の雑所得の金額となり、確定申告の対象となります（「暗号資産情報」8〜10）。

［算式］

暗号資産に係る所得金額 ＝ 譲渡価格－必要経費（譲渡原価（購入価格）、手数料など）

　なお、相続により暗号資産を取得した場合の譲渡原価は、相続開始時の評価額ではなく、被相続人の譲渡原価を引き継ぐものと解されます（所法67の4）。

2．逓減型デジタル財産

　デジタルコンテンツ、アフィリエイトのうち資産価値があるものの中で、年数を経過するとともに収益性が逓減していくものについては、著作権と同様の性質を有していると考えられることから、著作権の評価に準じて評価することが合理的でしょう。

　なお、著作権の価額は次の算式により計算することから（評基通148）、逓減型デジタル財産においても、次の算式に準じて評価額を算出します。

［算式］

著作権の価額 ＝ 年平均印税収入の額[※1] × 0.5 × 評価倍率[※2]

※１　課税時期の属する年の前年以前３年間の印税収入の額の年平均額

※２　著作物に関し精通している者の意見等を基として推算したその印税収入期間に応ずる基準年利率による複利年金現価率

3．その他デジタル財産

　NFT・メタ財産、DAOの権利などは、一般動産又は書画骨董品の評価と同じく売買実例価額、精通者意見価格等を参酌して評価することが合理的でしょう（NFT：Q49、メタバース上の財産：Q56、DAOの権利：Q69、71参照）。

　この場合、動産の評価のように、一定の償却費や減価の額はないと考えられます。

| コラム | 億り人の相続問題 |

　相続により雑所得の基因となる資産を取得した場合、その者が引き続き当該資産を所有していたものとみなされます（所法67の４）。

　なお、遺贈（包括遺贈及び相続人に対する特定遺贈を除く）により暗号資産を取得した場合、その遺贈の時の暗号資産の価額（時価）を総収入金額に算入することから（「暗号資産情報」26（注））、取得価額は引き継がないことになります。

　暗号資産の運用によるいわゆる「億り人」が亡くなった場合、相続税及び所得税の超過累進税率により、その相続人は多額の相続税負担に加え、暗号資産売却による多額の所得税等の負担により、相続した暗号資産の評価額以上に税負担が生じる場合があり得るとの議論があります。

5 ブロックチェーンとは 基本

> **Q** ブロックチェーンとは何ですか?

> **A** 取引記録を分散的に処理・記録するデータベースの一種です。

解説

　ブロックチェーンとは、情報通信ネットワーク上にある端末同士を直接接続して、暗号技術を用いて取引記録を分散的に処理・記録するデータベースの一種であり、ビットコイン等の暗号資産やNFTなどに用いられているものです。

 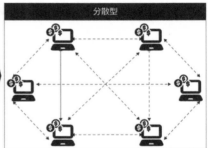

出典：総務省「平成30年度版情報通信白書」

　このブロックチェーンを活用したデータベースは、従来の中央管理型のデータベースに比べ、以下の点で優れているといわれています。

① 分散管理・処理を行うことでネットワークの一部に不具合が生じてもシステムを維持することができる点（高い可用性）

② 取引データが連鎖して保存されているため過去の記録と整合的な改ざんはほぼ不可能であり、また、データの改ざんがリアルタイムで監視可能である点（高い完全性）

③ 従来のデータベースでは取引において必要であった仲介役が不要になることによる取引の低コスト化の点（取引の低コスト化）

　なお、情報通信ネットワーク上にある端末のことをノードといいます。ブロックチェーンの取引記録は、システム全体で一つの台帳を形成しているわけではなく、記録すべきことがすべて記録されている完全な形の台帳を各ノードがそれぞれ保有します。

6　ブロックチェーンの仕組み　基本

> **Q**　ブロックチェーンにおいて取引が記録される仕組みについて
> 教えてください。

> **A**　多大な計算量が必要な問題を最初に解いた者や多くの暗号資
> 産を保有する者によって記録されます。

解説

　ブロックチェーンにおいては、取引データ等をブロックに格納し、そのブロックがつながることによって取引が記録されます。

　Q5で述べたとおり、ブロックチェーンは取引記録を分散的に処理・記録するデータベースであり、取引記録を管理する者がいません。そのため、何らかの取引をしても管理者が取引を記録するということがないため、記録をした者に報酬（暗号資産）を与えるというインセンティブを導入することによって、取引記録を処理・記録しています。以下では、代表的な暗号資産であるビットコインとイーサ（イーサリアム）のブロックチェーンについて説明します。

ブロックチェーンのイメージ

1．ビットコインのブロックチェーン

　代表的な暗号資産であるビットコインのブロックチェーンについて詳しく見てみると、ブロックチェーン上の各ブロックは、主に「ブロックヘッダ」と「取引データ」から構成され、「ブロックヘッダ」には「前のブロックヘッダのハッシュ値」や「ナンス値」といったものが含まれます。

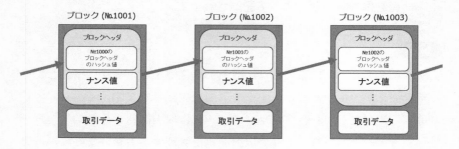

（1）ハッシュ値

　「前のブロックヘッダのハッシュ値」とは、前のブロックヘッダのデータを要約した値のことであり、あるデータを長さに関わらず一定の長さの文字列で出力するハッシュ関数というものに入力して計算された値になります。

　ブロックチェーン生成時に用いられるハッシュ値は、64桁の英数字から構成され、各桁は0～9、a～fの16文字のいずれかになります。そのため、ハッシュ値がとりうる値は、16の64乗通りという天文学的な数字になります。ハッシュ値は、元のデータからハッシュ値を計算することはできますが、その逆であるハッシュ値から元のデータを計算することはできないという特性があります。

ハッシュ値から元のデータを
計算することはできない

（2）ナンス値

　「ナンス値」（nonce：Number used onceの略）とは、使い捨てのランダムな値のことであり、32ビットの整数（0 〜4,294,967,295までの整数）になります。

（3）ブロックが生成される仕組み

　ブロックチェーンにおいては、記録をした者に報酬（暗号資産）を与えるというインセンティブを導入することによって、取引記録を処理・記録していると説明しましたが、ただ単に取引データが入っただけのブロックをつないでいくと、ブロックを容易に作ることができ、不正な取引データを含むブロックが乱立してしまうため仕組みとして成り立ちません。そこで、ビットコインのブロックチェーンにおいては、最初にある条件を満たしたブロックを生成した場合に報酬を与える仕組みが採用されています。

　その条件とは、ブロックヘッダのハッシュ値が「先頭に0がn桁並ぶ」というものです（桁数については、10分間に1回、適切なナンス値が見つかるように調整されます）。この条件を満たすブロックを作成するためには、ハッシュ値から元のデータを計算することはできないというハッシュ値の特性上、条件を満たすハッシュ値が現れるまで、ナンス値を入れ替えて総当たり計算を行う必要があります。

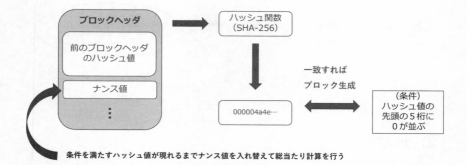

条件を満たすハッシュ値が現れるまでナンス値を入れ替えて総当たり計算を行う

　このように報酬を求めてナンス値を探索しブロックを生成することを、金の採掘になぞらえて「マイニング」、「マイニング」をする者は「マイナー」と呼ばれています。また、ビットコインのブロックチェーンのように、多大な計算をすることによってブロックの正当性を確保する仕組みのことをプルーフオブワーク（PoW：Proof of Work、以下「PoW」）といいます。

2．イーサリアムにおけるブロックチェーン

　PoWによるブロックチェーンは、適切なナンス値を探索するために多大な計算をする必要があり、そのために、マイニングをするマシンが大量の電気を消費するという問題点があります。この点を解決する手段として、暗号資産の保有量が多ければ多いほど、自ら保有する資産の価値を下げることはしないという考え方に基づき、所有している暗号資産の枚数が多い者ほど当たりやすいくじ引きによりブロックを生成する者を決める仕組みがあります。このような手段で、ブロックの正当性を確

保する仕組みのことをプルーフオブステーク（PoS：Proof of Stake、以下「PoS」）といいます。

PoSにおいて、ブロックを生成することは「ステーキング」、「ステーキング」をする者は「バリデーター」と呼ばれています（Q13参照）。

ビットコインに次いで代表的な暗号資産であるイーサリアムのブロックチェーンは、PoWによるブロックチェーンでしたが、2022年9月にPoSに移行しました。

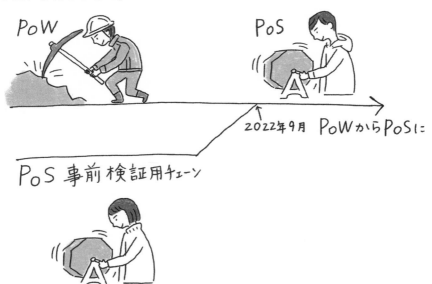

7　スマートコントラクトとは　基本

> **Q** | スマートコントラクトとは何ですか？

> **A** | ブロックチェーン上で動作するプログラムのことをある種の契約と見立てたもののことをいいます。

解説

　ブロックチェーンは当初、暗号資産の取引にのみ活用されていましたが、ブロックチェーン上でプログラムを動作可能なものにし、そのプログラムや入力値、処理結果もブロックチェーンに記録して改ざんできないような仕組みにすることで、暗号資産以外の取引にも応用がされています。このようなブロックチェーンのことをプログラマブルブロックチェーンといいます。

　スマートコントラクトとは、ブロックチェーン上で動作するプログラムのことをある種の契約と見立てたもののことをいいます。これにより、例えばデジタルデータが譲渡されるたびに、原作者に手数料が支払われるといった契約を作ることや、中央集権的な機構に基づかない組織運営（Q64参照）が可能となっています。

　なお、プログラマブルブロックチェーンにおいては、ブロックを作る
ときにプログラムの実行も行うことになりますが、無限ループに陥るプ
ログラムの実行を阻止するために、ガス代と呼ばれる報酬も提供するこ
とになっています。

II

暗号資産

8　暗号資産とは　基本

Q｜暗号資産は法定通貨ですか？

A｜暗号資産は円、ドルなどとは異なり法定されている通貨ではありません。

解説

暗号資産は、資金決済法第2条第5項に次のように定義されています。

> この法律において「暗号資産」とは、次に掲げるものをいう。ただし、金融商品取引法（昭和23年法律第25号）第2条第3項に規定する電子記録移転権利を表示するものを除く。
> 一　物品を購入し、若しくは借り受け、又は役務の提供を受ける場合に、これらの代価の弁済のために不特定の者に対して使用することができ、かつ、不特定の者を相手方として購入及び売却を行うことができる財産的価値（電子機器その他の物に電子的方法により記録されているものに限り、本邦通貨及び外国通貨並びに通貨建資産を除く。次号において同じ。）であって、電子情報処理組織を用いて移転することができるもの
> 二　不特定の者を相手方として前号に掲げるものと相互に交換を行うことができる財産的価値であって、電子情報処理組織を用いて移転することができるもの

　日本の法令上、法律によって強制通用力があるとされる通貨は、日本銀行券と硬貨とされており、暗号資産は、法定通貨とはされていません。

　そのため、暗号資産での支払いを望んでも、相手方がこれを拒否した場合には、弁済の効力は生じないとされています。

9　暗号資産の入手方法　基本

Q｜暗号資産はどうやって入手するのですか？

A｜暗号資産交換業者を通じての購入や相対による取引、マイニング・ステーキングによって入手します。

解説 ....

　暗号資産の入手方法として、まず暗号資産の売買を仲介している暗号資産交換業者（取引所）を通じて購入する方法があります。

　令和4年10月31日現在、日本には31の交換業者があります。世界には2万を超える種類の暗号資産があるといわれていますが、日本の交換業者はそのうち約50種類を取り扱っています。

エイダコイン（ADA）	エンジンコイン（ENJ）	オーケービー（OKB）
コスモス（ATOM）	FC Ryukyu Coin（FCR）	オーエムジー（OMG）
アバランチ（AVAX）	フィスココイン（FSCC）	オントロジー（ONT）
ベーシックアテンショントークン（BAT）	エフティエックストークン（FTT）	パレットトークン（PLT）
ビットコインキャッシュ（BCH）	フォビトークン（HT）	キャッシュ（QASH）
ボバネットワーク（BOBA）	アイオーエスティー（IOST）	クアンタム（QTUM）
ビットコイン・サトシ・ビジョン（BSV）	ジャスミー（JMY）	コバン（RYO）
ビットコイン（BTC）	クレイトン（KLAY）	サンド（SAND）
カイカコイン（CICC）	L-BTC（リキッドビットコイン）	ソラナ（SOL）
コムサイーサ（CMS:ETH）	チェーンリンク（LINK）	トロン（TRX）
コムサネム（CMS:XEM）	リンク（LN）	カウンターパーティー（XCP）
コスプレトークン（COT）	リスク（LSK）	ネム（XEM）
ダイ（DAI）	ライトコイン（LTC）	ステラルーメン（XLM）
ディープコイン（DEP）	ポリゴン（MATIC）	リップル（XRP）
ドージコイン（DOGE）	メイカー（MKR）	テゾス（XTZ）
ポルカドット（DOT）	モナコイン（MONA）	シンボル（XYM）
イーサリアムクラシック（ETC）	ゲンソキシメタバース（MV）	ザイフ（ZAIF）
イーサ（ETH）	ネクスコイン（NCXC）	ジパングコイン（ZPG）

　交換業者によって、取り扱っている暗号資産の種類や数が異なるため、自分が購入したい暗号資産の取扱いがある業者に口座を開設し、入金後に暗号資産を購入します。

　なお、海外の取引業者を通じて暗号資産を購入することもできますが、その中には日本における許認可を受けていない業者があります。そのため、金融庁から、インターネットを通じて日本居住者を相手方とした暗号資産交換業を行っていた業者に対し警告書を発出しているケースもあります。

　暗号資産は交換業者を介さなくても、相対取引（OTC取引）によって入手することもできます。相対取引のメリットとして、取引者間で取引期間、価格、数量、決済方法などの設定を自由にできることが挙げられますが、他方で、相手方が破綻したら損失を被るため、相手方の信用リスクを背負うことや、一般的に契約は個別性が強いので、転売できず、価格の透明性にも欠けるといったデメリットがあります。

　また、暗号資産は、マイニング（Q6、Q12参照）やステーキング（Q13参照）によっても手に入れることができます。新たなブロックの生成をしたり、ブロックチェーンの生成プロセスに貢献することにより暗号資産を入手することができますが、そのためには、サーバーといった機器を用意したり運用するための専門的な知識が必要になります。

10 暗号資産の管理 基本

> **Q** 暗号資産はどうやって管理するのですか？

> **A** ウォレットによって管理します。

解説 ....

　暗号資産の取引はブロックチェーンに記録されますが、暗号資産を移転するために必要な秘密鍵（Q11参照）やどれだけの数量を保有しているかといった管理は、ウォレットと呼ばれるアプリケーションやデバイス等によって行います。ウォレットは、インターネットに接続しているかどうか（インターネットに接続しているウォレットはホットウォレット、接続していないウォレットはコールドウォレットと呼ばれています）及び利用媒体によって、次のように区分できます。

	ホットウォレット		コールドウォレット	
	オンラインウォレット	ソフトウェアウォレット	ハードウェアウォレット	ペーパーウォレット
ネット接続	あり	あり	なし	なし
利用媒体	ウェブ	パソコン・スマホ	専用デバイス	紙
秘密鍵の管理	委託	個人	個人	個人
利便性	◎	○	△	×
安全性	△	○	◎	◎
具体例	各取引所のウォレット	Ginco MetaMask	Ledger Trezor	Bitaddress MyEtherWallet

　ホットウォレットは、インターネットに接続されていることから、暗号資産の取引の際には利便性が高いですが、ハッキング被害やウイルス感染といった安全性の面でリスクがあります。他方、コールドウォレットは、インターネットに接続していないことから、ハッキングリスクなどがなく安全に資産を保管できますが、紛失や物理的な劣化、利便性が高くないという特徴があります。

11　暗号資産の秘密鍵とは　基本

> **Q** 暗号資産を取引する際に必要とされる秘密鍵とはどのような
> ものですか？

> **A** 銀行口座の暗証番号のようなものです。

解説

　ブロックチェーンにおいて暗号資産を移転する際には、公開鍵暗号方式による電子署名という技術が用いられています。

　公開鍵暗号方式とは、通信を暗号化する手段の一つであり、暗号化の際には、暗号化（署名）をするために必要な「秘密鍵」と呼ばれるデータと暗号を復元するために必要な「公開鍵」と呼ばれるデータを用います。公開鍵暗号方式による電子署名は、以下のような流れで行われます。

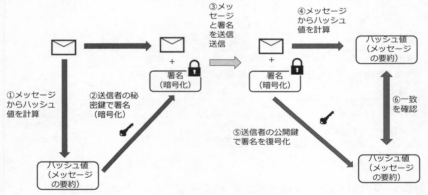

※ハッシュ値とは、あるデータを長さに関わらず一定の長さの文字列で出力するハッシュ関数というものにデータを入力して計算された値です。

　暗号資産を移転する際には、元の所有者が「秘密鍵」を用いて電子署名を行うことになります。「秘密鍵」は銀行口座に例えると、暗証番号のようなものになります。

　また、暗号資産の取引においては、「秘密鍵」「公開鍵」以外にも公開鍵から生成される「アドレス」という用語がでてきますが、これらも銀行口座に例えると、「公開鍵」＝「通帳」、「アドレス」＝「口座番号」のようなものになります。

銀行口座	暗号資産
通帳	公開鍵
口座番号	アドレス
暗証番号	秘密鍵

ビットコイン・アドレスの例：

197bCWJMXpiYENn4ksAYgz9vwdF5EUpn4c

（出典）岡田仁志ほか『仮想通貨　技術・法律・制度』東洋経済新報社

12　流動性マイニングとは　基本

> **Q** 流動性マイニングとは何ですか？

> **A** 分散型取引所に流動性を供給してトークンを得ることです。

解説 ....

　暗号資産のマーケットにおいては、様々な金融サービスがプログラムにより自律的に提供されています。具体的には、DEX（分散型取引所）やレンディングといったサービスがあります。

1．DEX（分散型取引所）

　DEX（分散型取引所）とは、Decentralized Exchangeの略で、暗号資産同士を交換する取引所の機能をスマートコントラクトという仕組みにより自律的に提供するサービスのことをいいます（Q7参照）。

　Uniswap（Q60参照）と呼ばれる代表的なサービスでは、利用者は、暗号資産がペアで存在している流動性プールに対して、暗号資産のペアを預け入れることと引き換えにLPトークンと呼ばれる預り証のようなものを受け取ります。利用者はLPトークンと引き換えに暗号資産ペアの返還をいつでも受けることができ、報酬を受け取ることができます。

2．レンディング

　レンディングとは、利用者から暗号資産を預かりこれを貸し出す機能を、スマートコントラクトにより自律的に提供するサービスのことをいいます。

　代表的サービスであるCompound（Q59参照）では、貸し手は暗号資産を流動性プールに預け入れ、これと引き換えにcトークン（預り証）を受け取ります。貸し手はいつでもcトークンを戻して、預け入れた暗

号資産に利息を加えた額を回収できます。

DEXのイメージ

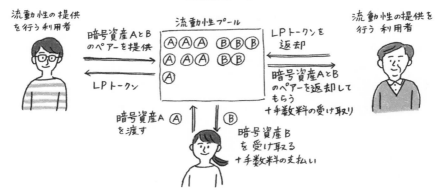

レンディングのイメージ

13　ステーキングとは　基本

Q マイニングの代替手段といわれている「ステーキング」とは何ですか？

A プルーフオブステーク（PoS）の仕組みの下でブロックを生成することです。

解説

　PoWの仕組みの下でブロックを生成することを「マイニング」といい、「マイニング」をする者は「マイナー」と呼ばれていますが（Ｑ6参照）、PoSの仕組みの下でブロックを生成することは「ステーキング」といい、「ステーキング」する者は「バリデーター」と呼ばれています。

　PoSにおいては、暗号資産の保有量が多ければ多いほど、自ら保有する資産の価値を下げることはしないという考え方に基づき、所有している暗号資産の枚数が多い者ほど当たりやすいくじ引きによりブロックを

	PoW	PoS
ブロック生成	マイニング	ステーキング
呼び名	マイナー	バリデーター
報酬を得る条件	一番最初に計算を解く	保有数に応じたくじ引き

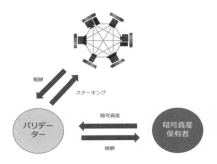

生成する者を決めるという仕組みになっています。

　PoSの仕組みにおいては、ブロックを生成することによって報酬としての暗号資産を入手することができますが、そのためには、サーバーといった機器を用意したり、運用するための専門的な知識が必要になります。しかしながら、暗号資産を保有しているすべての者がブロックを生成できる機器や知識を有しているわけではありません。

　そこでPoSのブロックチェーンでは、機器や知識を有していない暗号資産の保有者が「バリデーター」に「ステーキング」を代行してもらうことができることになっています。

　「ステーキング」を代行してもらう際には、「バリデーター」に保有している暗号資産を預けることになりますが、その取引の法的な評価については、取引が国境を越えて行われることもあり、どこの国のルールを準拠法とするのかにより異なってきますので、一概に評価することはできず、個別具体的に判断せざるを得ません。

　一例として、クラーケンジャパン社が提供しているステーキング代行サービスにおいては、顧客は、クラーケンジャパン社の媒介の下、関係会社であるPayward Trading Ltd（PTL）社に暗号資産を貸し出してステーキングを代行してもらい、報酬を受け取るスキームとなっていますが、その際に顧客の暗号資産の貸出は、PTLとの消費貸借契約に基づいた貸出と整理されています（https://blog.kraken.com/terms-and-conditions-of-eth-asset-loan-agreement/）。

14　ICO・STOとは　基本

> **Q** ICO・STOとは何ですか？

> **A** トークンを発行して資金を調達することです。

解説

1．ICO

ICOとは、Initial Coin Offeringの略であり、明確な定義はありませんが、一般的に、企業等がトークンを電子的に発行して、現金や暗号資産の調達を行うことをいい、「クラウドセール」「トークンセール」「トークンオークション」とも呼ばれます。

株式を新規上場させるIPO（Initial Public Offering）と仕組みは似ていますが、少額から出資を募ることができることや、証券会社を介さずに直接投資することにより短期間での資金調達が可能であること、議決権や優待制度を付与する義務がなく発行者が自由に設計できる点がIPOと異なります。

　ICOの流れは、まず、ホワイトペーパーと呼ばれる目論見書のような書面をホームページを通じて発信します。次に、トークンの対価として主にビットコイン等の暗号資産をトークン発行者に送付してもらい、それと引き換えに購入者のウォレットにトークンを送付します。そしてICOの後に、暗号資産の取引所にトークンが上場されるというのが一般的な流れになります。

2．STO

　STOとは、Security Token Offeringの略であり、セキュリティトークンと呼ばれるトークンを用いて資金調達を行うことをいいます。セキュリティトークンとは、法令により明確に定義された概念ではなく、ブロックチェーン技術によりトークン化された有価証券等のことをいい、「デジタル証券」や「トークン化有価証券」とも呼ばれます。

　セキュリティトークンの具体例としては、国債、社債、株式などの一般的な有価証券を電子化した「トークン化有価証券」と呼ばれるものや持分会社（合名会社、合資会社、合同会社）の社員権や信託受益権、集団投資スキーム持分といった電子記録移転権利があります。

15　暗号資産取引における収入等を認識するタイミング　所得税

> **Q** 暗号資産取引をして収入を認識するタイミングについて教えてください。

> **A** 原則として暗号資産の引渡しがあった日に収入として認識することになります。

解説

　所得税法では、収入すべき権利が確定したときに収入として認識することと解されています（所法36、権利確定主義）。しかしながら、権利確定という基準は抽象的で、どのような事情（事実）があれば収入すべき権利が確定したといえるかは必ずしも明らかではありません。

　そこで、膨大な数の事例を処理する必要がある課税実務では、所得分類やそれを発生させる取引の類型ごとに、「収入すべき時期」として取り扱う日を通達において明らかにし公表しており（所基通36-2〜36-14）、事業所得、雑所得等については原則として「資産の引渡しの日」を権利確定の基準としています。

　そのため、暗号資産取引をした場合、原則として暗号資産の引渡しがあった日に収入として認識することになります。

　国税庁が公表している「暗号資産情報」においては、具体的に①暗号資産を売却した場合、②暗号資産で商品を購入した場合、③暗号資産同士の交換を行った場合、④マイニング、ステーキング、レンディングなどにより暗号資産を取得した場合の取扱いが掲載されています。

　なお、上記④のマイニング等により暗号資産を取得した場合については、「暗号資産情報」には「その取得した暗号資産の取得時点の価額（時

価)」で収入金額に計上すると解説されていますが、秒単位で変化するレートを把握するのは困難を伴います。このような場合、マイニング等により取得した暗号資産を取引所が公表している1日の平均レート又は終値で換算することになると考えられます。

コラム ▶ **この場合はいつ収入を認識するの？**

1．ADAコインの場合

Q　暗号資産のADAは、2019年11月に、テストネット環境においてテストネット用ADAのステーキングを開始し、2020年8月にメインネットへの移行が完了しました。その際、テストネット用ADAとADAが1：1の割合で交換されました（テストネット用ADAは未上場で換金可能性はない）。この場合、収入を認識するタイミングとして、テストネット用ADAを開始した時点（①）と、テストネット用ADAとADAを交換した時点（②）が考えられますが、どちらで認識すべきでしょうか？

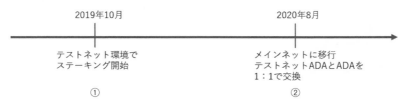

A　テストネット用ADAとADAを交換した時点（2020年8月）（②）と考えられます。

（理由）

　所得税法第36条第1項に規定されている「収入金額」の「収入」とは、「経済価値の外からの流入」と解されています。

　そこで、テストネット用ADA受取時とメインネット移行時のそれぞれの時点において、経済価値が流入したか検討してみると、テストネット用ADA受取時には、テストネット用ADAの取引相場が存在しておらず、同時点では価値を有していなかったと考えられますが、メインネット移行時には、テストネ

ット用ADAと引換えにADAを受け取ることにより、ADAの時価相当額の経済的価値が流入しています。

　そのため、収入計上時期は、メインネット移行時になります。なお、取得価額は０円として計算することになると考えられます。

２．Flareトークン（旧Sparkトークン）の場合

Q　2020年12月12日午前９時（スナップショット時）に暗号資産XRPを保有している者に対して、Flareトークン（旧Sparkトークン）が配布されることになりました。

　海外の暗号資産取引所においてはXRPを保有している者に対してFlareトークンが配布されましたが、国内の取引所においては配布が条件付きとなっており、国内事業者とSparkトークンの発行元であるFlare Networksとが「Sparkトークンが2023年６月12日までに一般社団法人日本暗号資産取引業協会（JVCEA）と金融庁に上場承認された場合、Sparkトークンを請求しXRP保持者に分配する」ことで合意しています。上場が承認されない場合は配布されないこととなりますが、この場合収入を①〜③のいつ認識すべきでしょうか？

A　ウォレット配布日（③）に収入を計上すべきと考えられます。
（理由）

　事業所得、山林所得、譲渡所得等については、「収入すべき時期」は原則として「資産の引渡しの日」を基準としています。

　ここで、Flareトークンの引渡日について検討してみると、ウォレット配布日がトークンの引渡しの日になると考えられます。そのため、ウォレット配布日の属する年に権利が確定し、収入を計上すべきと考えられます。

　また、権利が確定した時期については、「それぞれの権利の特質を考慮して決定されるべきもの」（最高裁昭和53年２月24日第二小法廷判決・民集第32

巻1号43頁）とされていることから、Flareトークンに係る契約内容を見てみると、国内事業者とFlare Networksとの合意内容は、「Sparkトークンが2023年6月12日までに一般社団法人日本暗号資産取引業協会（JVCEA）と金融庁に上場承認された場合、Sparkトークンを請求しXRP保持者に分配する」というものであり、上場が承認された後、国内事業者がFlare Networksに請求しなければ、XRP保持者はFlareトークン（権利）を確定的に保有することができないものとなっています。

　そうすると、XRP保有者の権利が確定したと評価すべき時期は、上場が承認された後、国内事業者がFlare Networksに請求し、国内事業者からFlareトークンが分配された時点であると考えられることから、この点からもウォレット配布日の属する年に権利が確定し、収入を計上すべき時期となると考えられます。

　なお、スナップショット時においては、Flareトークンの上場承認がされるかどうかは未確定な状態であり、Flareトークンという権利の取得が確定しているとは認められないと思われます。また、上場承認時においては、スナップショット時と比較すると、権利取得の蓋然性が高まっているといえますが、同日に国内事業者がFlare Networksに請求していないとすれば、XRP保持者がFlareトークンを売却しようにも売却できる状況にはなく、収入実現の蓋然性があるとはいい難いと考えられます。

16　暗号資産売買における必要経費算入 所得税

> **Q** 暗号資産の売買などをした場合、どのようなものが必要経費になりますか？

> **A** 暗号資産の譲渡原価、売却の際に支払った手数料のほか、インターネットやスマートフォン等の回線利用料等といったプライベートと業務の両方で使うものについても、暗号資産の売却のために必要な支出であると認められる部分の金額を必要経費に算入することができます。

解説

　暗号資産取引の所得の計算上、暗号資産の譲渡原価、売却の際に支払った手数料のほか、パソコンやスマートフォンの購入費用、マイニングする際のパソコンやサーバー、電気代、セミナー受講料、書籍代や新聞代、税務申告のための損益計算ソフト利用料や税理士報酬などを必要経費に算入することができます。

　パソコンやスマートフォン、サーバーの購入費用等については、使用可能期間が１年未満又は10万円未満のものであれば全額を必要経費とすることが可能ですが、使用可能期間が１年以上又は10万円以上のものについては、原則として減価償却を行うことによって必要経費に算入することになります（所令138①）。

　なお、インターネットやスマートフォンの回線使用料といった、プライベートと業務の両方で使うものに係る費用については、プライベートと業務部分を明確に区分できることが経費算入の要件となっていることから経費計算の際には合理的な基準で按分して算入することになります（所令96）。

		使用可能期間	取得価額 （1単位）	取扱い	
減価償却資産	取得 ➡	1年未満	10万円未満	全額必要経費（所令138）	
			10万円以上		
		1年以上	10万円未満	（原則） 減価償却の 対象（所令131）	
			10万円以上 20万円未満		一括償却資産として取得価額の合計額の1/3を各年の必要経費とすることができる（選択）（所令139）
			20万円以上 30万円未満		中小事業者である青色申告者は取得価額の合計額のうち300万円までを必要経費とすることができる（選択）（措法28の2）
			30万円以上		

【コラム】　**予想以上の所得になりそうな時の対応策**

　暗号資産取引に係る所得区分は原則として雑所得（Q23参照）とされており、給与所得等の他の所得との損益通算はできませんが、雑所得内での所得の内部通算は可能となっています。具体的には、

- ・海外FX取引による所得（国内FXは分離課税）
- ・ソーシャルレンディングの分配金
- ・公的年金や個人年金
- ・副業による所得

との内部通算が可能です。

　また、暗号資産取引の所得を計算してみて、予想以上に所得が大きくなりそうな時は、含み損を抱えたまま売却も処分もできない暗号資産やトークンを引き取ってくれる「クリプトリンクトラッシュ」や「Aerial Partners不要通貨引取」などのサービスを利用して、暗号資産やトークンの含み損を実現させて、当期の利益との相殺を検討してみるのも一つの手です。

17　暗号資産の譲渡原価の計算方法 〈所得税〉

> **Q** 暗号資産の譲渡原価の計算方法について教えてください。

> **A** 総平均法又は移動平均法で計算し、一時的に必要な暗号資産を取得した場合は個別法により計算することになります。

解説

　暗号資産を2回以上に分けて購入した場合、譲渡原価は総平均法又は移動平均法（一時的に必要な暗号資産を取得した場合は個別法）で計算します（所法48の2、所令119の2、「暗号資産情報」10）。

1．総平均法

　総平均法とは、同じ種類の暗号資産について、年初時点で保有する暗号資産の評価額とその年中に取得した暗号資産の取得価額の総額との合計額をこれらの暗号資産の総量で除して計算した価額を年末時点での1単位当たりの取得価額とする方法をいいます（所令119の2①一）。

例えば、
・3月1日　5BTCを3,000,000円で購入
・4月1日　3BTCを5,000,000円で購入
・5月1日　2BTCを2,000,000円で売却
・6月1日　4BTCを1,000,000円で購入　の場合、譲渡原価の計算は次のようになります。

$$\text{【平均単価】}\quad \frac{3,000,000円+5,000,000円+1,000,000円}{5BTC+3BTC+4BTC}$$

$$=750,000円／BTC$$

　ここで、5月1日に2BTCを売却していますが、所得計算で使う譲渡原価は750,000円を使います。なので、売却した際の所得金額は、2,000,000円−750,000円×2BTC＝500,000円となります。

　総平均法の特徴として、譲渡原価の計算が一回だけなので計算が簡単であるという点がメリットとしてありますが、翌年にならないと計算ができないことや経済的な実態と乖離してしまうことがデメリットとして挙げられます。

2．移動平均法

　移動平均法とは、同じ種類の暗号資産について、暗号資産を取得する都度、その取得時点において保有している暗号資産の簿価の総額をその時点で保有している暗号資産の数量で除して計算した価額を取得時点の平均単価とし、その年の12月31日から最も近い日において算出された取得時点の平均単価を年末時点での1単位当たりの取得価額とする方法をいいます（所令119の2①二）。

総平均法の例と同じように
・3月1日　5BTCを3,000,000円で購入
・4月1日　3BTCを5,000,000円で購入
・5月1日　2BTCを2,000,000円で売却
・6月1日　4BTCを1,000,000円で購入　の場合、譲渡原価の計算は次

のようになります。

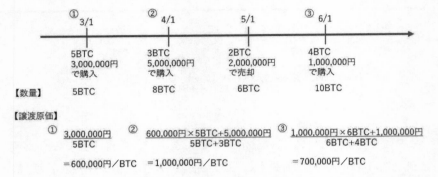

　ここで、５月１日に2BTCを売却していますが、所得計算で使う譲渡原価は②で計算した1,000,000円を平均単価として使います。なので、売却した際の所得金額は、2,000,000円－1,000,000円×2BTC＝０円となります。

　移動平均法の特徴として、購入の都度譲渡原価を計算できることや経済的実態に即したものになるという点がメリットとしてありますが、購入の都度計算しなければならないため計算が煩雑になることがデメリットとして挙げられます。

３．個別法

　個別法とは、暗号資産の取得価額をそのまま譲渡原価とする方法です。譲渡原価は原則総平均法又は移動平均法で計算しますが、一時的に必要な暗号資産を取得した場合は、その暗号資産は個別法により計算することになります（所令119の２②、所基通48の２-１）。

　例えば、BTC建てでしか購入できないトークンを購入するために、一時的にBTCを購入した場合、BTCをすでに保有していたとしてもそれらと合算して譲渡原価を計算しなければならないわけではなく、一時的に購入したBTCは個別法で計算し、それ以外のBTCは総平均法又は移動平均法で計算することになります。

　暗号資産取引の中には、暗号資産を介してのみ取引ができるものが存在しており、その取引を行うために一時的に暗号資産を保有することとなる場合に、従来保有している暗号資産とこのような一時的に保有する暗号資産を含めて取得価額を平均化してしまうと、従来保有している暗号資産の取得価額を正確に把握することができなくなるおそれがあることから、このような措置がされています。

4．手続

　暗号資産の譲渡原価の計算において、総平均法又は移動平均法のいずれを使うかは納税者の選択となっていますが、選択する際には「所得税の暗号資産の評価方法の届出書」を税務署へ提出する必要があります。届出書は、暗号資産を取得した年分の確定申告期限（原則：翌年３月15日）までに、納税地を所轄する税務署へ提出します（所令119の３②、「暗号資産情報」11、12）。

　総平均法か移動平均法かは、暗号資産ごとに選定することとなっています。例えば、BTCは移動平均法、ETHは総平均法というように異なる評価方法を選定することができます（所令119の３①）。

　なお、一度選択した評価方法は、原則３年間継続して適用する必要があり（所令119の４②、所基通48の２-３）、「所得税の暗号資産の評価方法の届出書」の提出がない場合は、総平均法で評価（法定評価方法）することとされています（所令119の５①）。

18　確定申告における暗号資産取引の損益計算方法 　所得税・法人税

> **Q** 確定申告の際に暗号資産取引に係る所得を計算するための具体的な手順を教えてください。

> **A** Excelで計算する方法と損益計算ソフトを利用して計算する方法があります。

解説

　暗号資産を売買した際に所得を計算する方法としては、大きくExcelで計算する方法と損益計算ソフトを利用して計算する方法があります。暗号資産の種類や取引量が少ないのであれば、Excelでも計算可能ですが（目安として暗号資産の種類が５未満）、暗号資産の種類や取引量が多い場合は、損益計算ソフトを利用して計算することをおすすめします。

1．Excelによる計算

　平成30年１月１日以後に国内の暗号資産交換業者を通じて取引を行った場合には、下記のような「年間取引報告書」が交付されることになっています。

　国税庁のHPでは、暗号資産の損益計算ができるExcelファイル（「暗号資産の計算書」）を公表しており、暗号資産の取引が「年間取引報告書」に記載されているもののみであれば、「暗号資産の計算書」に金額等を入力すれば所得の計算ができるようになっています。

年間取引報告書

税務　一郎　様　　　　　　　　　　　　　　　　　　　A取引所

《現物取引》

通貨名	①年始数量	②年中購入数量	③年中購入金額	④年中売却数量	⑤年中売却金額	⑥移入数量	⑦移出数量	⑧年末数量
ビットコイン		4.5	2,387,800	3.0	2,895,000			1.5

記載例

令和　　　年分　暗号資産の計算書（総平均法用）

氏名　　国税　太郎

1　暗号資産の名称　　ビットコイン

2　年間取引報告書に関する事項

取引所の名称	購入		売却	
	数量	金額	数量	金額
A交換所	5.00	3,000,000	1.00	1,000,000
合計	5.00	3,000,000	1.00	1,000,000

3　上記2以外の取引に関する事項

月	日	取引先	摘要	購入等		売却等	
				数量	金額	数量	金額
10	1	●●電気	決済			1.00	1,000,000

2．損益計算ソフトの利用による計算

　暗号資産の損益計算ソフトを利用して所得を計算する場合、①取引履歴や残高情報といった資料の入手、②損益計算ソフトによる損益計算、③エラーや差異の解明を行うことになります。

（1）資料の入手

　所得を計算する資料として、損益計算ソフトが対応している取引所からの取引履歴、損益計算ソフトが対応していない取引内容、期末時点（個人であれば12月31日現在）のすべての暗号資産の実残高枚数を入手します。

　損益計算ソフトが対応している取引所からの取引履歴の入手方法については、損益計算ソフトの会社のHPに掲載されていますので、それらを参考に入手します。

　損益計算ソフトが対応していない取引としては、レンディング、ステーキング、業者に支払った取引、ICO取引、NFTの購入、DEX、DeFi、GameFiなどがあります。これらの取引については、損益計算ソフトに入力する際に手入力することになりますので、入力する際に必要な取引日時や増減した暗号資産の種類と枚数、取引の内容に関する情報を入手することになります。

　また、損益計算ソフトで計算した際に算出される理論上の暗号資産の残高枚数と実際の残高枚数を突合させて計算の正確性を確認するために、期末時点（個人であれば12月31日現在）のすべての暗号資産の実残高枚数を入手します。

例：GTAXの共通フォーマットの場合

	A	B	C	D	E	F	G	H	I	J
1	取引所名	日時（JST）	取引種別	取引通貨名(+)	取引量(+)	取引通貨名(-)	取引量(-)	取引額時価	手数料通貨名	手数料数量
2	AAA	2017/1/1 0:00	売買	BTC		JPY	1000			
3	AAA	2017/2/1 0:00	売買	BTC	1	JPY	500		BTC	0.1
4	AAA	2017/3/1 0:00	売買	JPY	1200	BTC	1			
5	AAA	2017/4/1 0:00	売買	BTC	2	JPY	1800			
6	AAA	2017/5/1 0:00	売買	JPY	2000	BTC	1		BTC	0.2
7	AAA	2017/6/1 0:00	売買	JPY	1500	BTC	1.2			
8	AAA	2017/5/10 0:00	預入	BTC	0.5				BTC	0.1
9	AAA	2017/5/15 0:00	送付			BTC	0.4		BTC	0.2
10	AAA	2017/5/20 0:00	売買	GYO	100	BTC	0.1		BTC	0.1
11	AAA	2017/5/25 0:00	売買	BTC	0.2	GYO	100		BTC	0.05
12										

（2）損益計算ソフトによる計算・エラーや差異の解明

　損益計算ソフトに取引履歴をアップロードして、暗号資産取引に係る所得と期末の残高を計算します。計算した結果、エラーが発生せず期末の理論上の残高と実残高が一致することもありますが、多くの場合エラーや差異の解明が必要になります。

計算の全体像

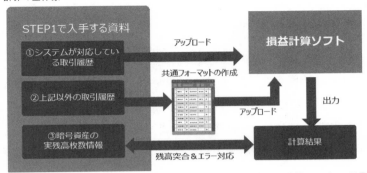

（出典）菊地貴加志「暗号資産の税務上の取扱い」税経通信2022年11月号

　理論残高と実残高の差異の原因については様々ありますが、以下のような原因が考えられます。

実残高＞理論残高	理論残高＞実残高
ハードフォークで取得していた エアドロップで勝手に配布されていた 友人から暗号資産をもらっていた 売却取引が二重に計上されていた	投資案件等になにか支払いをしていた だれかにあげている 忘れているウォレットがある 誤送金・詐欺・盗難 暗号資産取引所の倒産

　最終的に理論残高と実残高の差異が解明できない場合は、期末の暗号資産の残高を増減させる処理をすることになります（Q19参照）。
　なお、損益計算ソフトについては、代表的なものとして次のようなものがあります（令和4年12月1日現在）。

	Gtax	Cryptact	CryptoLinC
料金	ベーシックプラン33,000円 取引件数30,000件まで	スタンダードプラン33,000円 取引件数50,000件まで	プラン30 32,780円 取引件数100,000件まで
対応取引所数	70	84	80
仕訳作成	○	×	○

19　暗号資産の減耗理由が解明できない 場合の処理 所得税

> **Q** 所得の計算をするために、年末時点で保有する暗号資産を実地棚卸したところ、実際の暗号資産の枚数が計算上の枚数よりも少なく、その差額が生じた原因を解明できませんでした。この場合、所得税の計算上、どのように処理すべきでしょうか？

> **A** 減耗した暗号資産の価額を売上原価の計算を通じて必要経費に算入します。

解説

　棚卸資産については、期末に実地棚卸をしなければならないとされており（所基通47-25）、必要経費に算入される売上原価は、以下のとおり、計算します。

売上原価
　＝期首棚卸高＋期中の仕入高－期末棚卸高（一単位当たりの取得価額×実地棚卸高）

　そのため、棚卸資産の減耗分は売上原価の計算を通じて必要経費に算入されることになります（所法37①）。

　暗号資産についても、棚卸資産の条文（所法47①、所令99①）と暗号資産の条文（所法48の2①、所令119の2①）が同様の建付けであることからすると、棚卸資産と同様に、減耗した分は売上原価の計算を通じて必要経費に算入されると考えられます。

　暗号資産は、もともと棚卸資産であったものが令和元年度の税制改正

で、棚卸資産から抜き出されて別途定義されています。その改正の趣旨
は、暗号資産については低価法や最終仕入原価法等の棚卸資産の期末評
価方法を適用できなくするためです。

20　暗号資産で物を購入した場合の課税関係 `所得税`

Q 暗号資産で物を購入した場合、課税されるのですか？

A 課税されます。

解説 ⋯⋯⋯⋯⋯⋯⋯⋯⋯⋯⋯⋯⋯⋯⋯⋯⋯⋯⋯⋯⋯⋯⋯⋯⋯⋯⋯⋯⋯⋯⋯⋯⋯⋯

　インターネット上の通販サイトや大手家電量販店などでは、暗号資産を決済手段として用いることも増えてきていますが、暗号資産で物を購入した場合、購入した物の経済的利益の価額でもって収入金額に計上することになります（所法36①②）。

【事例】次の暗号資産取引を行った場合の所得の計算方法を教えてください。

　　・ 4月2日　4,000,000円で4BTCを購入した。

　　・10月5日　403,000円（消費税等込）の商品を購入する際の決済に0.3BTCを支払った。なお、取引時における交換レートは1BTC＝1,350,000円であった。

　　（注）上記取引において暗号資産の売買手数料については勘案していない。

　403,000円の商品を購入するに際して0.3BTC（1BTC＝1,350,000円）を支払っており、収入金額を403,000円にすべきか、405,000円（1,350,000円×0.3BTC）にすべきか迷うところですが、「収入」とは、「経済価値の外からの流入」と解されていますので、外から流入した403,000円が収入金額となります。

（「暗号資産情報」2参照）

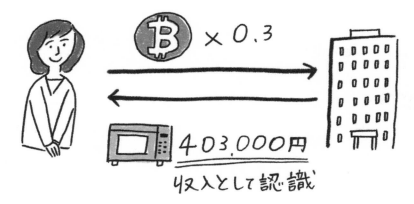

21　暗号資産同士の交換等を行った際の課税関係 所得税

Q ビットコインをイーサに交換するなど暗号資産同士を交換したときや、暗号資産をラップドトークンに交換した時も課税されるのですか？

A 課税されます。

解説 ‥‥‥‥‥‥‥‥‥‥‥‥‥‥‥‥‥‥‥‥‥‥‥‥‥‥‥‥‥‥‥‥‥‥

　Q20において、暗号資産で物を購入した場合、購入した物の経済的利益の価額でもって収入金額に計上することになると説明しましたが、条文上「収入すべき金額」には金銭以外の物も含まれることから、暗号資産同士の交換を行った場合には、暗号資産で物を購入した場合と同様に、交換により取得した暗号資産の価額を収入金額に計上することになります（所法36①②）。

【事例】次の暗号資産取引を行った場合の所得の計算方法を教えてください。

　（例）・4月2日　4,000,000円で4BTCを購入した。

　　　　・11月2日　40XRPを購入する際の決済に1BTCを支払った。なお、取引時における交換レートは1XRP＝30,000円であった。

　　　（注）1　上記取引において暗号資産の売買手数料については勘案していない。

　　　　　　2　上記取引は一時的に必要な暗号資産を取得した場合には該当しないケースである。

40XRP（30,000円×40XRP＝1,200,000円）を購入するに際して1BTC（4,000,000÷4BTC＝1,000,000円）を支払っており、収入金額を1,200,000円にすべきか、1,000,000円にすべきか迷うところですが、「収入」とは、「経済価値の外からの流入」と解されていますので、外から流入した1,200,000円が収入金額となります。

（「暗号資産情報」3参照）

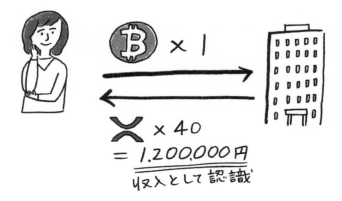

22　暗号資産の分裂により暗号資産を取得した場合 所得税・法人税

> **Q** 暗号資産の分裂（分岐）により暗号資産を取得したときも課税されるのですか？

> **A** 分裂により新たに暗号資産を取得した時点では課税はされません。

解説 ···

　暗号資産の取引が記録されているブロックチェーンは、取引量の増加により処理速度が遅くなったり、ハッキングによって資金が流出したりすることがあります。そのような場合に、ブロックチェーンの改良を目的に仕様が変更されることがあります。

　この仕様変更時に、これまで使われてきたブロックチェーンから新しいブロックチェーンが生成されますが、この枝分かれすることをフォーク（分裂）といいます。

　フォークには、一時的にブロックチェーンが分裂するもののいずれは統合されるソフトフォークと、ブロックチェーン分裂後に統合されることのないハードフォークがあります。

　前者は分裂したブロックチェーン同士に互換性があるため、暗号資産が分裂することはありませんが、後者については、ブロックチェーン同士に互換性がないため、暗号資産が分裂し新たな暗号資産が交付されることになります。

　分裂により新たな暗号資産を取得した場合、分裂時点において取引相場が存しておらず、その時点においては価値を有していなかったと考えられるため、新たな暗号資産の取得時点では課税は生じませんが、新たな暗号資産を売却又は使用した時点において課税が生ずることとなります（「暗号資産情報」5参照）。

　なお、新たな暗号資産の取得価額は0円となります。

ソフトフォーク

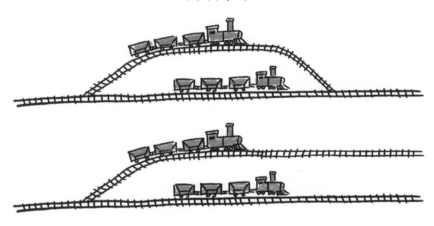

ハードフォーク

23　暗号資産の売買による所得の所得区分 　所得税

Q 　暗号資産の売買による所得は、どのような所得区分になるの
でしょうか？

A 　原則、雑所得に区分されると考えられます。

解説 ....

　所得税法では、その性質に応じて所得を利子所得ないし雑所得の10種
類に分類し、各所得ごとに定められている計算の仕方により所得を計算
します。

　暗号資産取引をした際には、これらの所得区分のうち譲渡所得に該当
するのではないかと考えられる方もいるかもしれません。暗号資産取引
による所得が譲渡所得に該当するかを検討する際には、当該暗号資産が
譲渡所得の基因となる「資産」に該当するかの検討が必要になります。
ここで、譲渡所得の基因となる「資産」とは、棚卸資産、営利を目的と
して継続的に譲渡される資産、山林及び金銭債権以外の一切の資産をい
います（所法33②、所基通33-1）。暗号資産は資金決済法上、不特定の
者に対して使用できる代価弁済機能を有することなどから、譲渡所得の
基因となる「資産」には該当しないものとして取り扱われています。

平成31年3月20日開会第198回国会参議院財政金融委員会における星野
次彦主税局長の答弁

　　暗号資産は資金決済法上、代価の弁済のために不特定の者に対して使
　用することができる財産的価値と規定されております。消費税法上も、
　支払手段に類するものとされているところでございます。
　　こうした現行法令を踏まえれば、暗号資産につきましては、外国通貨

と同様に本邦通貨との相対的な関係の中で換算上のレートが変動することはあっても、それ自体が価値の尺度とされており、資産の価値の増加益を観念することは困難と考えております。このため、国税当局においては、暗号資産の譲渡による所得は一般的に譲渡所得には該当せず、雑所得に該当するものとして取り扱っているというふうに承知をしております。

そのため、暗号資産取引による所得は譲渡所得には当たらず、原則として雑所得に区分され、暗号資産取引自体が事業と認められる場合は事業所得に区分されると考えられます。

事業所得については、所得税法では「事業所得とは…事業で政令で定めるものから生ずる所得…をいう。」（所法27①）と規定され、それを受けた施行令は、おおむね日本標準産業分類の大分類に従って列記された業と「対価を得て継続的に行う事業」（所令63十二）を規定していますが、「事業」の定義は法令には置かれていません。

この点、最高裁は「事業所得とは、自己の計算と危険において独立して営まれ、営利性、有償性を有し、かつ反覆継続して遂行する意思と社会的地位とが客観的に認められる業務から生ずる所得」（最高裁昭和56年4月24日第二小法廷判決・民集第35巻3号672頁）をいうと判示しています。また、「対価を得て継続的に行う事業」に該当するかどうかの具体的な判断方法については、「当該経済的行為の営利性、有償性の有無、継続性、反覆性の有無のほか、自己の危険と計算による企画遂行性の有無、当該経済的行為に費した精神的、肉体的労力の程度、人的、物的設備の有無、当該経済的行為をなす資金の調達方法、その者の職業、経歴及び社会的地位、生活状況及び当該経済的行為をなすことにより相当程度の期間継続にて安定した収益を得られる可能性が存するか否か等の諸要素を総合的に検討して社会通念に照らしてこれを判断」することになります（名古屋地裁昭和60年4月26日判決・税資第45号230頁）。

　なお、「暗号資産情報」8では、「例えば、暗号資産取引の収入によって生計を立てていることが客観的に明らかである場合」は事業所得に該当すると表現されています。

　暗号資産取引に関して、所得区分が争われた争訟として、暗号資産のマイニングに係る所得区分が事業所得か雑所得かが争われた以下の裁決例があります。

令和4年1月7日裁決（大裁（所）令3第28号）

> 　請求人は、請求人が行う仮想通貨のマイニング（本件マイニング）に係る所得は、本件マイニングについて、①人的・物的設備を備え、②自己の危険と計算による企画遂行を行い、③精神的・肉体的労力を費やしていることなどから事業性が認められ、また、本件マイニングの開始に当たり、マイニングマシンを経営力向上設備等とする経営力向上計画について中小企業等経営強化法の認定を受けていることから、中小企業経営強化税制の目的に鑑みても、事業所得に該当する旨主張する。しかしながら、本件マイニングは、①マイニングマシンの購入代金の完済を停止条件として当該マイニングマシンの販売元の会社（N社）にマイニングの業務委託が行われ、②本件マイニングの収益において最も重要な仮想通貨の種別の選択権や市況環境を踏まえての停止や種別変更の判断も全てN社に委ねられ、請求人には異議を述べる権限もうかがわれないし、③請求人は本件マイニングに係る損失も負担せず、その運営経費の内容・金額についても不知であることからすると、請求人が行う本件マイニングは、請求人がマイニングマシンの取得費用の限度で危険を負担してN社が主体となって行う本件マイニングから生じる利益の分配を受けるというものに等しく、その経済的実質はN社が行うマイニングへの投資に等しいといえるから、客観的、実質的にみて、請求人の計算と危険において独立して営まれる業務であるとはいえない。また、中小企業等経営強化法における経営力向上計画の認定を受けただけでは、租税特別措置法第10条の5の3《特定中小事業者が特定経営力向上設備等を取

> 得した場合の特別償却又は所得税額の特別控除》第1項に規定する特定
> 経営力向上設備等を「事業の用に供した」ことを充足することにはなら
> ない。以上のことを踏まえると、本件マイニングに係る所得は事業所得
> ではなく雑所得に該当する。

　なお、令和4年10月に、事業所得と業務に係る雑所得の判定について、その所得を得るための活動が、社会通念上事業と称するに至る程度で行っているかどうかで判定することや、その所得に係る取引を記録した帳簿書類の保存がない場合（その所得に係る収入金額が300万円を超え、かつ、事業所得と認められる事実がある場合を除く。）には、業務に係る雑所得に該当することを内容とした所得税基本通達の改正が行われています。そのため、所得区分の検討の際にはこの通達改正も踏まえて検討する必要があります。

（参考）事業所得と業務に係る雑所得等の区分（イメージ）

収入金額	記帳・帳簿書類の保存あり	記帳・帳簿書類の保存なし
300万円超	概ね事業所得 (注)	概ね業務にかかる雑所得
300万円以下		業務に係る雑所得 ※資産の譲渡は譲渡所得・その他雑所得

（注）次のような場合には、事業と認められるかどうかを個別に判断することとなります。
　　① その所得の収入金額が僅少と認められる場合
　　② その所得を得る活動に営利性が認められない場合

（出典）国税庁HP

24　暗号資産取引をした場合の確定申告の要否 所得税・消費税

Q 暗号資産の売買などをした場合、確定申告は必要となりますか？

A 原則確定申告が必要となります。

解説

　暗号資産の売買などをした場合、所得税と住民税、場合によっては消費税の確定申告が必要になります。

　所得税については、給与を1か所からのみ受け、かつ、その給与の全部が源泉徴収の対象となる場合、暗号資産の取引による所得金額の合計額が20万円を超えれば確定申告が必要になります（所法120①、121①一）。所得税について申告した場合は住民税の申告をしたものとみなされますので、改めて住民税の申告をする必要はありません（地方税法45の3、317の3）。

　なお、上記の所得税の申告要件にあてはまらない場合であっても住民税については申告が必要になります。

　また、暗号資産の譲渡は消費税の非課税取引に該当しますが（消法6①、別表第1二、消令9④）、暗号資産の貸付けについては課税取引となりますので、原則として基準期間の課税売上高が1,000万円を超える場合はその翌々年から消費税の課税事業者となります（消法5①、9①）。この場合、「消費税課税事業者届出書」を所轄の税務署に提出するとともに、翌々年から消費税の確定申告が必要になります。

25　暗号資産取引によって得た報酬の所得区分 所得税

Q 「マイニング」「ステーキング」「レンディング」「エアドロップ」により得た報酬は、どのような所得区分になるのでしょうか？

A 事業所得又は雑所得に区分されると考えられます。

解説

　「マイニング」「ステーキング」「レンディング」「エアドロップ」を事業として行っている場合は事業所得（判断方法についてはQ23参照）、それ以外は雑所得に区分されると考えられます。

　「レンディング」については、暗号資産を貸し付けてその対価を受け取ることになるので、利子所得になるのではないかとも考えられますが、所得税法第23条第1項には「利子所得とは、公社債及び預貯金の利子（…）並びに合同運用信託、公社債投資信託及び公募公社債等運用投資信託の収益の分配に係る所得をいう。」と規定されており、暗号資産の貸付けによる所得は含まれていませんので、利子所得には該当しません。

　また、「エアドロップ」とは、無償で暗号資産が配布されることをいい、giveawayとも呼ばれますが、これにより得た報酬は、一時所得に該当するのではないかとも考えられます。しかしながら、一時所得に該当するための要件の一つである「労務その他の役務又は資産の譲渡の対価としての性質を有しないもの」（所法34①）について、「役務の対価とは、狭く給付が具体的・特定的な役務行為に対応・等価の関係にある場合に限られるものではなくて、広く給付が抽象的、一般的な役務行為に密接・関連してなされる場合をも含むと解するのが相当であ」り、「給

65

付が一般的に人の地位、職務行為に対応、関連してなされる場合をも含むと解するのが相当である」と解されています（東京高裁昭和46年12月17日判決）。

　そのため、ある暗号資産を保有する以外に何もしていないのにトークンを付与されたとしたとしても、それは暗号資産を保有しているという地位に関連してなされたと評価され、一時所得の要件を満たさないことになる可能性が高いと考えられます。

26　暗号資産に対する雑損控除の適用可否 　所得税

> **Q** ハッキングにより暗号資産を盗難されましたが、雑損控除は
> 適用できますか？

> **A** ハッキングによる被害が窃盗罪（盗難）に該当するものであ
> れば雑損控除の対象となります。

解説

1．暗号資産は雑損控除の対象となる資産か

　雑損控除は、災害又は盗難若しくは横領によって、資産について損害
を受けた場合に受けることができる所得控除です（所法72）。対象とな
る資産は、棚卸資産や事業用資産等、山林、生活に通常必要でない資産
以外の資産となります（所法70③、所令178①）。

雑損控除が適用される資産

除かれるもの
・棚卸資産
・事業用資産等
・山林
・生活に通常必要でない資産

　生活に通常必要でない資産については、所得税法施行令に次のように
規定されています。

> 所得税法施行令
> 第178条第1項　法第62条第1項（生活に通常必要でない資産の災害に
> 　よる損失）に規定する政令で定めるものは、次に掲げる資産とする。

> 一　競走馬（その規模、収益の状況その他の事情に照らし事業と認められるものの用に供されるものを除く。）その他射こう的行為の手段となる動産
>
> 二　通常自己及び自己と生計を一にする親族が居住の用に供しない家屋で主として趣味、娯楽又は保養の用に供する目的で所有するものその他主として趣味、娯楽、保養又は鑑賞の目的で所有する資産（前号又は次号に掲げる動産を除く。）
>
> 三　生活の用に供する動産で第25条（譲渡所得について非課税とされる生活用動産の範囲）の規定に該当しないもの

　同項の検討にあたっては、民法上物権の客体となる「物」は動産と不動産から構成され、それらは有体物に限定されていますが（民法85）、暗号資産は有体物には該当しない（149頁コラム参照）と考えられることから、動産であることが要件となる1号及び3号は除かれ、2号の「主として趣味、娯楽、保養又は鑑賞の目的で所有する資産」に暗号資産が該当するか検討することになります。

　ここで、支払手段として用いられる暗号資産の所有目的について、趣味、娯楽、保養又は鑑賞目的であると客観的に認定することは困難であるため、暗号資産については「主として趣味、娯楽、保養又は鑑賞の目的で所有する資産」に該当することは少ないと考えられます。

　そのため、暗号資産は一般的に生活に通常必要でない資産には該当せず、雑損控除の適用対象となる資産に該当するものと考えられます。

2．雑損控除の対象となる損失

　雑損控除は「災害」「盗難」「横領」により受けた損失が対象となります（所法72①）。

　「盗難」については、刑法上の窃盗と同一のものと解されており、占有者の意に反する第三者による財物の占有の移転をいうと解されています。

3．ハッキングは、雑損控除の対象となるか否か

　ハッキングに対しては、不正アクセス禁止法違反（不正アクセス行為の禁止等に関する法律3）、電子計算機使用詐欺罪（刑法246の2）、電子計算機損壊等業務妨害罪（刑法234の2）の罪に問われるほか、窃盗罪（刑法235）に該当することもあるとされています。

　よって、本件ハッキングが、窃盗罪に該当する場合には、雑損控除の対象になるものと考えられます。

27　非居住者が暗号資産を売却して得た 所得の取扱い　所得税

Q 非居住者が、日本の暗号資産交換業者を通じて暗号資産を売却して得た所得は、国内源泉所得に該当しますか？ また、非居住者が、日本国内でマイニングマシンを稼働させて得た所得は、国内源泉所得に該当しますか？

A 暗号資産を売却して得た所得は、国内源泉所得に該当する可能性が低いと考えられます。ただし、日本国内でマイニングマシンを稼働させて得た所得は、国内源泉所得に該当する場合があると考えられます。

解説

　所得税法上、非居住者に該当する場合、次頁の表の「所得の種類」に掲げられる17種類の国内源泉所得が発生していれば課税される可能性がでてきます。そこで、そもそも非居住者はどのように判定するのかを説明した後、設問において検討が必要と思われる条文について説明します。

所得の種類 (所法161①) ／ 非居住者の区分 (所法164①)	恒久的施設を有する者		恒久的施設を有しない者 (所法164①二、②二)	源泉徴収 (所法212①213①)
	恒久的施設帰属所得 (所法164①一イ)	その他の国内源泉所得 (所法164①一ロ、②一)		
(事業所得)		【課税対象外】		無
① 資産の運用・保有により生ずる所得 (所法161①二) ※下記⑦〜⑮に該当するものを除く。	【総合課税】(所法161①一)	【総合課税(一部)(注2)】		無
② 資産の譲渡により生ずる所得 (〃 三)				無
③ 組合契約事業利益の配分 (〃 四)		【課税対象外】		20.42%
④ 土地等の譲渡対価 (〃 五)		【源泉徴収の上、総合課税】		10.21%
⑤ 人的役務の提供事業の対価 (〃 六)				20.42%
⑥ 不動産の賃貸料等 (〃 七)				20.42%
⑦ 利子等 (〃 八)	【源泉徴収の上、総合課税】(所法161①一)	【源泉分離課税】		15.315%
⑧ 配当等 (〃 九)				20.42%
⑨ 貸付金利子 (〃 十)				20.42%
⑩ 使用料等 (〃 十一)				20.42%
⑪ 給与その他人的役務の提供に対する報酬、公的年金等、退職手当等 (〃 十二)				20.42%
⑫ 事業の広告宣伝のための賞金 (〃 十三)				20.42%
⑬ 生命保険契約に基づく年金等 (〃 十四)				20.42%
⑭ 定期積金の給付補填金等 (〃 十五)				15.315%
⑮ 匿名組合契約等に基づく利益の分配 (〃 十六)				20.42%
⑯ その他の国内源泉所得 (〃 十七)	【総合課税】(所法161①一)	【総合課税】		無

(出典) 国税庁「令和4年度源泉徴収のあらまし」

1．非居住者の判定方法

　所得税法では、「居住者」とは、「国内に住所を有し、又は現在まで引き続いて一年以上居所を有する個人」(所法2①三) と規定されており、この「住所」とは、民法の「住所」の概念と同一であると解されているところ、民法第22条には「各人の生活の本拠をその者の住所とする。」と規定されています。

　ここで、「生活の本拠」とは、判例によると「その者の生活に最も関係の深い一般的生活、全生活の中心を指すものであり、一定の場所があ

る者の住所であるか否かは客観的に生活の本拠たる実体を具備している
か否かにより決すべきものと解するのが相当である」（最高裁平成23年
２月18日第二小法廷判決・集民第236号71頁）とされていますが、具体
的には、住居、職業、資産の所在、親族の居住状況、国籍などを勘案し
て判定することになります。

　実務上、国外に居住することとなった個人が継続して１年以上居住す
ることを通常必要とする職業を有する場合、非居住者と推定（所令15①
一）することになりますが、通達においてその地における在留期間が契
約等によりあらかじめ１年未満であることが明らかであると認められる
場合を除き、「継続して１年以上居住することを通常必要とする職業を
有する」者と推定（所基通3-3）すると定められていますので、例え
ば、期間を定めないで海外勤務となったときは、非居住者と推定するこ
とになります。

２．非居住者が日本の暗号資産交換業者を通じて暗号資産を売却して得た所得の国内源泉所得該当性

　国内源泉所得については所得税法第161条第１項に規定されています
が、非居住者が日本の暗号資産交換業者を通じて暗号資産を売却した場
合は、以下が検討すべき条文になると考えられます。

① 国内にある資産の運用又は保有により生ずる所得（２号所得）
② 国内にある資産の譲渡により生ずる所得として政令で定めるもの
　（３号所得）
③ その源泉が国内にある所得として政令で定めるもの（17号所得）

（1）２号所得

　暗号資産を売却した場合、暗号資産が「国内にある資産」に該当する
かを検討すべきことになります。

　この点、暗号資産はブロックチェーン上に記録され、ネットワークに

接続している各ノードが同じ台帳を保有することから、ノードが国内にのみあることが明らかなブロックチェーンであれば「国内にある資産」に該当し得るとも考えられますが、現在国内で流通している暗号資産のブロックチェーンにおいて、ノードが国内のみにあるものは通常ないとは考えられないことから、暗号資産が「国内にある資産」とはいい難いと考えられます。

　したがって、2号所得に該当するものは無いものと考えられます。

（2）3号所得

　国内にある資産の譲渡により生ずる所得に該当するものとして、所得税法施行令第281条第1項で8つの所得が規定されています。そのうち同項第8号に規定する「非居住者が国内に滞在する間に行う国内にある資産の譲渡による所得」に該当するかが検討すべき条文になるかと思われます。

　ここでいう資産の譲渡の「資産」には暗号資産は含まれないものと考えられることから（Q23参照）、3号所得に該当するものは無いものと考えられます。

（3）17号所得

　その源泉が国内にある所得として、所得税法施行令第289条で6つの所得が規定されています。そのうち同第6号に規定する、「国内において行う業務又は国内にある資産に関し供与を受ける経済的な利益に係る所得」に該当するかが検討すべき条文になるかと思われます。

ⓐ　国内において行う業務に関し、供与を受ける経済的利益に係る所得

　「国内において行う業務」については、非居住者が国内において業務を行うことを要しないと解されています。暗号資産を時価よりも高く売却したことによって経済的利益を受けたような場合ではなく、単に暗号資産を時価で売却した場合は、「国内において行う業務に関し供与を受ける経済的利益に係る所得」に該当するとはいえないと考えられます。

ⓑ　国内にある資産

　ノードが国内にのみあるブロックチェーン以外は「国内にある資産」に該当するとはいい難いことから、暗号資産の売却による所得が「国内にある資産に関し供与を受ける経済的な利益に係る所得」に該当するとはいえないと考えられます。

　上記①〜③より、非居住者が日本の暗号資産交換業者を通じて暗号資産を売却して得た所得は、国内源泉所得に該当する可能性は低いと考えられます。

3．非居住者が日本国内でマイニングマシンを稼働させて得た所得の国内源泉所得該当性

　非居住者が日本国内でマイニングマシンを稼働させた場合は、以下が検討すべき所得になると考えられます（所法161①一）。

①　恒久的施設帰属所得（１号所得）

②　国内にある資産の運用又は保有により生ずる所得（２号所得）

③　その源泉が国内にある所得として政令で定めるもの（17号所得）

（1）１号所得

　国内源泉所得の対象となる恒久的施設に帰せられるべき所得（所法161①一）における「恒久的施設」とは、事業の管理を行う場所、支店、事務所、工場、作業場その他一定の場所等が国内にあるものとされています（所令１の２①）。この「その他事業を行う一定の場所」にはサーバーが含まれるとされていますが（所基通161-1）、サーバーは物理的場所を構成する設備の一部であり、非居住者等がウェブサイトを格納した自己の自由になる国内に置かれたサーバーを通じて事業を行っている場合には、そのサーバーは支店PEとして恒久的施設になり得るとされています。

　マイニングマシンもサーバーと同様に、物理的場所を構成する設備の

一部として恒久的施設になり得る場合があると考えられ、その場合は恒久的施設帰属所得（1号所得）に該当することがあると考えられます。

（2）2号所得

　非居住者の有する資産が国内にあるかどうかは、動産についてはその所在地で判定する（所基通161-12（1））とされており、マイニングマシンが日本国内に所在するのであれば、「国内にある資産」に該当すると考えられます。また、「運用」とは、「働かせ用いること、物をうまく使うこと」や「金銭を利殖その他の目的のために他の財産形態に変えること」という意味であり、マイニングマシンの稼働は「資産の運用」と解し得ることからすると、それにより得た所得は「国内にある資産の運用により生じた所得」として2号所得に該当することがあると考えられます。

（3）17号所得

　上記2．の③と同様に、「国内において行う業務又は国内にある資産に関し供与を受ける経済的な利益に係る所得」（所令289六）に該当するかが検討すべき条文になるかと思われます。

　非居住者が国内においてマイニングを業務として行っていると評価でき、この業務に関連して何らかの経済的利益（例えば債務免除益など）を受けた場合には、「国内において行う業務…に関し供与を受ける経済的な利益に係る所得」に該当することもあると考えられます。

　なお、「国内において行う業務」については、非居住者が国内において業務を行うことを要しないと解されています。

28　暗号資産取引に関する法定調書 所得税

> **Q** 暗号資産取引に関する法定調書にはどのようなものがありますか？

> **A** 財産債務調書と先物取引に関する支払調書があります。

解説 ....

　暗号資産取引に関する法定調書として、財産債務調書と先物取引に関する支払調書があります。

　財産債務調書は、所得税の確定申告が必要な人で、その年の所得金額が2,000万円を超え、かつ年末時点で合計額が３億円以上の財産を有する人、又は有価証券などの資産を１億円以上有する人が提出する必要のある調書です。財産債務調書は、確定申告書の提出期限までに納税地を所轄する税務署へ提出する必要があります（国外送金等調書法６の２①）。

　財産債務調書の提出義務がある者が、（12月31日において）国内外に暗号資産を保有している場合、財産債務調書への記載が必要になります。暗号資産は、財産の区分のうち、「その他の財産」に該当しますので、財産債務調書には、暗号資産の種類別（ビッ

トコイン等）、用途別及び所在別に記載することになります（「暗号資産情報」31参照）。

　また、暗号資産デリバティブ取引を扱う金融商品取引業者等は、毎年その年中の顧客の同取引に係る決済損益の額等を記載した先物取引に関する支払調書（暗号資産デリバティブ取引用）を翌年１月31日までに、税務署に提出することになっています（所法225①十三、所規90の５三）。

　なお、暗号資産の現物取引については、令和４年12月１日現在、法定調書制度の対象とはされていません。また、暗号資産は国外財産調書への記載対象とはされていません（「暗号資産情報」33参照）。

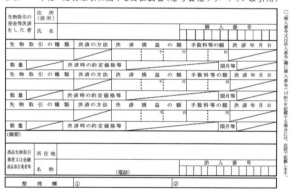

29 法人を設立して行う暗号資産取引 〔法人税〕

Q 個人で行う場合と比較して、法人を設立して暗号資産取引を行うメリット・デメリットについて教えてください。

A 法人設立によるメリットとしては税率や損失を繰り越せることが挙げられ、デメリットとしては維持コストや含み益に課税がされることが挙げられます。

解説

　暗号資産の節税策の一つとして、法人を設立して、その法人が暗号資産取引を行うことが挙げられます。暗号資産取引における個人（所得税）と法人（法人税）とを比較すると、以下のようになります。

項目	個人（所得税）	法人（法人税）
税率	5～45％（累進課税）	800万円以下は15％ ※1,2 800万円超は23.2％
役員報酬	とれない	とれる（給与所得控除可）
損益通算	原則できない	できる
損失繰越	原則できない	10年間繰越できる
設立費用	かからない	かかる（最低でも 25万円程度かかる）
維持コスト	かからない	赤字でも7万円程度発生 （法人住民税）
含み益	課税なし	課税される

※1　令和5年4月1日以後開始事業年度からは19％
※2　中小法人以外の普通法人は23.2％

1．税率

　個人で暗号資産の取引をして所得を得た場合、その所得に対して5〜45%の税率で所得税がかかります。所得税の税率は、所得が増加するにつれてその増加部分に順次高い税率が適用される超過累進税率が採用されていますので、所得が多い人ほど適用される税率も高くなります。他方、法人が暗号資産の取引をして所得を得た場合、資本金1億円以下の法人であれば、年800万円以下の所得については税率が15.0%、800万円超の所得については税率が23.2%（平成31年4月1日以後に開始する事業年度の場合）となっています。所得が多くなっても所得税のように税率は上がっていかず法人税の税率は一定であるため、所得が多い場合は法人にしたほうが有利になります。

2．役員報酬

　暗号資産取引よる利益に対して法人であれば役員報酬を得ることにより、一定の場合には損金に算入することができ、また、給与所得控除を適用することができます。他方、個人の場合、自分に対する給与を必要経費に含めるといったことはできず、給与所得控除についても適用することはできません。

　ただし、法人を設立し、役員報酬の支払いを行った場合、社会保険料の支払いが必要になることを考慮する必要があります。

3．損益通算

　個人で暗号資産の取引をして得た所得の所得区分は原則として雑所得とされていることから、損失があったとしても給与所得など他の所得との通算はできません。他方、法人が暗号資産の取引をして損失が発生した場合、他に別の事業をしていればその事業の利益と合算して所得を計算できます。

４．損失繰越

　個人で暗号資産の取引をして得た所得の所得区分は原則として雑所得とされていることから、翌年以降に損失を繰り越すことはできません。ただし、所得区分が事業所得となる場合には、青色申告であれば損失を翌年以降３年間繰り越すことができますが、暗号資産の取引が事業と認められるハードルはかなり高いと考えられます（Q23参照）。他方、法人が暗号資産の取引をして損失が発生した場合は10年間（平成30年４月１日以後に開始した事業年度の場合）繰り越すことができます。

５．設立費用

　個人で暗号資産の取引をする場合はありませんが、法人（株式会社）を設立する場合は、定款の認証手数料や登録免許税などで最低でも25万円程度はかかります。

６．維持コスト

　個人の場合、維持コストというのはかかりませんが、法人の場合、赤字であっても法人住民税均等割（資本金等の額と従業員数によって異なり、最低でも７万円）を納める必要があります。また、法人の税務処理は個人よりも複雑なので、税理士に依頼する場合はその費用も必要となります。

７．含み益への課税

　個人が暗号資産を保有していて含み益が発生している場合、売却して所得が実現することがなければその含み益に課税されることはありませんが、法人の場合は、暗号資産を毎期時価評価し、含み益があれば課税されることになります（活発な市場がある場合、Q31参照）。

30　法人で暗号資産取引を行った場合の所得の計算 法人税

> **Q** 法人で暗号資産取引を行った場合の所得の計算はどのように行うのですか？

> **A** 暗号資産の譲渡により通常得べき対価の額から譲渡原価を差し引いて計算します。

解説

　法人税法における所得は、通常、「益金の額－損金の額」で算出しますが、暗号資産の取引については、別段の定めがあり、以下の通り計算し、損益の純額を益金の額又は損金の額に算入します（法法61①）。

暗号資産の譲渡の時における有償によるその暗号資産の譲渡により通常得べき対価の額　－　その暗号資産の譲渡に係る原価の額
　（一単位当たりの帳簿価額×譲渡した暗号資産の数量）

　資産の販売・譲渡及び役務の提供に係る収益は、原則として、引渡し又は役務提供の時に益金に算入しますが、暗号資産の損益については、譲渡に係る契約をした日の属する事業年度に計上することが定められており、約定日基準が採用されています。

　これは、暗号資産の売手は売買における約定日まで、市場における価格変動によって生ずるリスク等にさらされていると考えられますが、売買等の約定が済んでいるものについて約定日後に生じた含み損益を自己の損益とするのは適当ではないと考えられること、また、実務対応報告において、暗号資産については売買の合意が成立した時点において売却

損益を認識することとされていることによるものです。

　なお、譲渡原価の算出における一単位当たりの帳簿価額は、移動平均法又は総平均法で算出することとされていますが（法法61⑩、法令118の６①）、法定評価方法が移動平均法（法令118の６　⑦）となっており所得税法とは異なります（Q17参照）。

31 法人が所有する暗号資産等の時価評価 法人税

> **Q** 法人が所有する暗号資産などのトークンは、期末に時価評価の必要がありますか？

> **A** 活発な市場がある場合、時価評価する必要があります。

解説 ....

　内国法人が期末時点に保有する暗号資産の評価について、活発な市場がある場合は時価法（法法61②）、活発な市場がない場合は原価法（法法25①、33①）により評価することになっています。

　ここで、活発な市場が存在する暗号資産とは、次の要件のすべてに該当するものとされます（法令118の7）。

---

① 継続的に売買価格等の公表がされ、かつ、その公表がされる売買価格等がその暗号資産の売買の価格又は交換の比率の決定に重要な影響を与えているものであること

② 継続的に上記①の売買価格等の公表がされるために十分な数量及び頻度で取引が行われていること

③ 次の要件のいずれかに該当すること

　イ 上記①の売買価格等の公表がその内国法人以外の者によりされていること

　ロ 上記②の取引が主としてその内国法人により自己の計算において行われた取引でないこと

	活発な市場あり	活発な市場なし
税務上	時価法	原価法
会計上※	時価法	切放し低価法

※企業会計基準委員会「資金決済法における仮想通貨の会計処理等に関する当面の取扱い」に基づく処理

　活発な市場がある場合の評価は税務上と会計上が同じですが、活発な市場がない場合、会計上は切放し低価法により評価しますが、税務上は原価法で評価することになっています。これは、活発な市場が存在しない暗号資産については、いったん価格が下落すると回復しにくいといった事情はないことから、切放し低価法は保守的すぎるという理由によるものです。

　暗号資産の評価損益は、益金の額又は損金の額に算入し（法法61③）、翌事業年度においてこの評価損益を洗替処理をすることになります（法令118の9①）。

　なお、個人で有していた暗号資産を消費貸借契約に基づき法人に貸し付けた場合、法人側の処理としては「（借方）暗号資産／（貸方）借入暗号資産」といった仕訳が想定されます。借入暗号資産を期末に保有している場合、時価評価するかについては法人税法には規定されておらず取扱いが明らかではありませんが、有価証券と同様、保有目的に応じて評価することが合理的と考えられます。

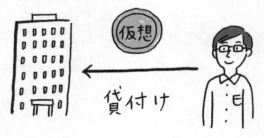

32　暗号資産取引における消費税 <small>消費税</small>

> **Q** ｜暗号資産の取引は消費税法上の課税取引に該当しますか？

> **A** ｜暗号資産の貸付けをした場合は課税取引になります。

解説

1．消費税の課税取引

　暗号資産取引に係る消費税については、譲渡した場合は非課税取引（消法6①、別表第1二、消令9④）、貸付けの場合は課税取引（消法4①）となっています。

　なお、消費税法上の課税取引とは、①国内取引であること、②事業者が事業として行うものであること、③対価を得て行うものであること、④資産の譲渡、資産の貸付け又は役務の提供であることの四つの要件を満たした取引であり（消法2①八、4①）、このいずれかを満たさない場合は不課税取引となります。

2．取引別課否判定

（1）商品の購入や他の暗号資産との交換

　暗号資産の取引には、暗号資産の売却のほかに、暗号資産での商品の購入や他の暗号資産との交換といった取引がありますが、資産の交換は資産の譲渡に該当するため（消基通5-2-1（注））、それらの取引は暗号資産の譲渡ということで非課税取引となります。

（2）レンディング

　レンディングは暗号資産の貸付けとして課税取引となります（「暗号資産情報」30参照）。また、保有している暗号資産について、バリデーターにステーキングを代行してもらった場合（Q13参照）については、「資産の貸付け」が「他の者に資産を使用させる一切の行為を含むもの」

（消法2②）とされることから、バリデーターへの委任が民法上の消費貸借契約に相当するような取引であれば「資産の貸付け」に該当し、課税取引になると考えられます。

（3）マイニング、ステーキング

マイニング、ステーキングについては、上記1.の「③対価を得て行うものであること」が検討すべき点となります。

ここで、具体的な役務提供と対価の間には対応関係が必要と解されていますが（大阪高裁平成24年3月16日判決・税資第262号－59順号11909）、この関連性をどの主体から判断するかについては、役務提供を行う事業者からみる考え方、役務提供を受ける消費者からみる考え方、両者の視点からみる考え方があり、役務提供を受ける者（対価を支払う者）が具体的に特定し難い場合においていずれの考え方を採用すべきかについては今のところ判例等で明らかにされていません。そのため、どの考え方を採用するかにより結論が異なると考えられます。

例えば、役務提供を行う事業者から関連性をみると課税取引になると考えられますし、役務提供を受ける消費者から関連性をみると、役務提供の対価を支払う者が具体的に特定されないことから、対応関係を見出すことが難しく不課税取引になると考えられます。

3．課税売上割合

課税売上割合を計算する際には、暗号資産の譲渡については、非課税売上高に含めて計算しないこととされています（消令48②一）。

$$課税売上割合　=　\frac{課税売上高　+　免税売上高}{課税売上高　+　免税売上高　+　非課税売上高}$$

非課税売上高には、暗号資産の譲渡は含まない。

　暗号資産の譲渡のみを行っている場合、課税売上割合の分子と分母がともに０となることが想定され、課税売上割合の計算は０÷０でいかなる値も取り得る（100％にも０％にもなる）ことになるのですが、国税庁HPに掲載されている質疑応答事例（「課税売上割合が０の場合の仕入控除税額の計算方法」）においては、「課税期間中の売上（資産の譲渡等）がなく、課税売上割合の計算上の分母及び分子がともに０となる場合、課税売上割合は０％（95％未満）として取り扱われます。」と説明されています。そのため、実務上はこの情報に沿って処理することになると考えられます。

33　暗号資産を贈与された場合の贈与税の申告 贈与税・相続税

Q 父から暗号資産を贈与してもらいました。贈与税の申告は必要でしょうか？

A 暗号資産を無償で受領した場合、他の財産の取得と合わせ110万円を超える場合は贈与税の申告が必要となります。なお、贈与をした方についても所得税の確定申告が必要になるケースがあります。

解説

1．贈与を受けた人の税務上の取扱い

（1）暗号資産は贈与税の課税対象となる財産か否か

　相続税法第2条の2では個人が取得した一定の財産について、贈与税が課税される旨が示されています。この一定の財産とは、金銭に見積ることができる経済的価値のあるすべてのものをいうとされています（相基通11の2-1）。

　暗号資産は、資金決済法第2条第5項で「代価の弁済のために不特定の者に対して使用することができる財産的価値」と規定されていることから相続税法でいうところの「財産」に該当します。したがって、暗号資産の贈与があった場合には、贈与税の課税対象となります。

（2）暗号資産の評価

　暗号資産の具体的な評価方法について、相続税法及び財産評価基本通達にその定めはありません。このため、財産評価基本通達5（評価方法の定めのない財産の評価）に基づいて、財産評価基本通達に定める評価方法に準じて評価することとなります。

　この場合、活発な市場が存在する暗号資産については、活発な取引により客観的な交換価値が明らかとなっていることから、外国通貨に準じて、贈与を受けた人が使用している暗号資産交換業者が公表する贈与時の取引価格によって評価します。

　また、活発な市場が存在しない暗号資産の場合には、客観的な交換価値を示す相場が成立していないため、その暗号資産の内容や性質、取引実態等を勘案し個別に評価します（「暗号資産情報」27）。

（3）贈与税の申告の要否

　暗号資産の贈与を受けた場合、暗号資産は贈与税の課税対象となり、その評価は、原則として暗号資産交換業者が公表する贈与時の取引価格によって評価します。この取引価格によって評価した金額と暗号資産以外に贈与を受けた一暦年中の財産の金額の合計額が110万円を超える場合には贈与税の申告が必要となります（相法28、措法70の2の4）。

2．贈与をした人の税務上の取扱い

　平成31年4月1日以降、個人が他の個人又は法人に暗号資産を贈与した場合には、その贈与時の暗号資産の時価を雑所得等の総収入金額に算入する必要があります。このように、暗号資産を贈与した場合には、贈与をした人についても所得税の確定申告の要否を検討する必要があるため注意が必要です（所法40、所令87、「暗号資産情報」16）。

34　暗号資産の贈与税の計算方法 贈与税・相続税

> **Q** 暗号資産の贈与税の計算方法はどのように行いますか？

> **A** 贈与により取得した財産が暗号資産であったとしても、贈与税の計算方法が変わることはありません。なお、贈与を受けた人が国外に居住している場合など、贈与税の制限納税義務者に該当する場合には、法施行地（日本国内）にある財産に贈与税が課されます。この場合の暗号資産の所在の判定は、贈与者の住所の所在により判断します。

解説

１．贈与税の納税義務者区分と課税財産の範囲
（１）贈与税の納税義務者区分と課税財産の範囲

　贈与税の計算を行うにあたり、まず、贈与税の納税義務者区分とこれに応じた課税財産の範囲を検討する必要があります。このうち、贈与税の納税義務者区分は、贈与者と受贈者の住所・国籍・過去10年以内の住所の状況・在留資格などを基に判断します（下図参照）。

　○相続税及び贈与税の納税義務者区分

※「図解相続税・贈与税　令和４年版」を基に作成

※1　一時居住者

相続開始（贈与）の時において出入国管理法別表第一の在留資格を有する者であって、その相続開始（贈与）前15年以内に国内に住所を有していた期間の合計が10年以下であるもの（相法1の3③一、1の4③一）。

※2　外国人被相続人（外国人贈与者）

相続開始（贈与）の時において在留資格を有し、かつ、国内に住所を有していたその相続（贈与）に係る被相続人（贈与者）であるもの（相法1の3③二、1の4③二）。

※3　非居住被相続人（非居住贈与者）

相続開始（贈与）の時において国内に住所を有していなかったその相続（贈与）に係る被相続人（贈与者）であって、次に掲げるもの（相法1の3③三、1の4③三）。

イ）その相続開始（贈与）前10年以内のいずれかの時において国内に住所を有していたことがあるもののうち、そのいずれかの時においても日本国籍を有していなかったもの。

ロ）その相続開始（贈与）前10年以内のいずれの時においても国内に住所を有していたことがないもの。

　居住無制限納税義務者及び非居住無制限納税義務者は、取得財産の全部について贈与税が課税されるので財産の所在は問題となりません。しかし、居住制限納税義務者及び非居住制限納税義務者は、その取得財産のうち相続税法の施行地に所在するもののみに贈与税が課されます。このため、取得した財産の所在を確認する必要があります。

（2）財産の所在

　財産の所在は、相続税法第10条により判断します。同法10条第1項各号では具体的な財産を列挙し、その財産の所在を定めています。

　暗号資産は動産を含む相続税法第10条第1項各号に掲げる財産のいず

れにも該当しません。よって、同条第３項に基づき、贈与者の住所の所在により判断することとなります。

【参考】

　相続税法第10条第１項第１号の「動産」に暗号資産が含まれるかについて、民法上、不動産以外の物はすべて動産とし、物とは有体物をいうこと（民法86②、85）、また、裁判例において、暗号資産の一種であるビットコインについて有体性はないと判示していることから（149頁コラム参照）、暗号資産は動産に該当しないと解されています。

（３）贈与税の計算方法

　贈与財産が暗号資産であったとしても、贈与税の計算方法が異なることはありません。

２．具体例

（１）設例

　○○年８月１日に、私は自分のアドレス（口座）から、私の子ども（同年１月１日現在において30歳）が管理するアドレス（口座）に30.0ETH（同日における1.0ETH/日本円＝20万円）を送金しました。なお、この送金を行う前に、私は子どもに30.0ETHを送金する旨を口頭で伝え、本人も承諾しています。また、私も子どもも日本に住んでおり、子どもは同年中に他に贈与を受けた財産はありません。この場合の贈与税の計算がどのようになるか示してください。

（２）贈与税の計算

ア　贈与税の納税義務者区分・課税財産の範囲

　贈与者・受贈者ともに日本国内に住所があるため、子どもは居住無制限納税義務者に該当します。この場合、財産の所在にかかわらず、贈与税が課されることとなります。本設例では、送金した30.0ETHに贈与税が課されます。

イ　財産の評価

　ETHは活発な市場が存在する暗号資産に該当すると考えられます。このため、同日における1.0ETH/日本円＝20万円を基に評価をすることになります。

ウ　贈与税の計算

（200,000円×30.0ETH－1,100,000円）×20％[※]－300,000円＝680,000円

※特例贈与（直系尊属（祖父母や父母など）から18歳以上の人（子どもや孫など）への贈与をいいます）に該当（一般贈与に比べ税率の適用対象が異なり、贈与財産の価額によっては贈与税額が安くなります（措法70の2の5）。）

（注）本設例においては、（2）の贈与税のほか、贈与をしたほうの所得税の計算上、贈与時の暗号資産の時価（200,000円×30.0ETH＝6,000,000円）を雑所得の総収入金額に算入する必要があります。

35　暗号資産は相続税の対象となり得るか　贈与税・相続税

Q 亡くなった父（過去10年超、日本に住所なし）は、住所のあるシンガポールの暗号資産交換業者で開設した口座で暗号資産を所有していました。なお、私は日本に長年住所を有しています。この暗号資産は、相続税の対象となる相続財産になるのでしょうか？

A 暗号資産は、相続税法でいうところの「財産」に該当します。なお、暗号資産が相続税の対象となる課税財産に含まれるか否かは、相続人・受遺者の方々の納税義務者区分、亡くなったお父様の住所により判定する財産の所在を基に判断することとなります。亡くなったお父様は日本に居住していないものの、相続人が日本に長年住所を有しているため、シンガポールの口座で所有されていた暗号資産は、相続税の対象となります。

解説

1．暗号資産は相続税の課税対象となる財産か否か

相続税法第2条では個人が取得した一定の財産について、相続税が課税される旨が示されています。この一定の財産とは、金銭に見積ることができる経済的価値のあるすべてのものをいうとされています（相基通11の2-1）。

暗号資産は、資金決済法第2条第5項で「代価の弁済のために不特定の者に対して使用することができる財産的価値」と規定されていることから相続税法でいうところの「財産」に該当します。

２．相続税の納税義務者区分と課税財産の範囲

（１）相続税の納税義務者区分と課税財産の範囲

　相続税は、納税義務者区分により課税される財産の範囲が異なります。納税義務者区分は、被相続人と相続人・受遺者の住所、国籍、過去10年以内の住所の状況、在留資格などを基に判断します（Q34.1.（1）図参照）。

　このうち、居住無制限納税義務者及び非居住無制限納税義務者は、取得財産の全部について相続税が課税されます。

　これに対し、居住制限納税義務者及び非居住制限納税義務者は、その取得財産のうち相続税法の施行地に所在するもののみに相続税が課されます。相続人・受遺者に制限納税義務者が含まれる場合、課税財産の範囲を確定させるためには、取得した財産の所在を併せて検討する必要があります。

（２）財産の所在

　暗号資産の所在は、相続税法第10条第３項により、被相続人の住所の所在により判断します（Q34.1.（2）参照）。

（３）まとめ

　このように、暗号資産は相続税の対象となる財産に該当し、課税財産の範囲に含まれるか否かは納税義務者区分及び財産の所在を基に判断します。表にまとめると、下記のようになります。

相続人・受遺者の 　　　　　納税義務者区分 財産の所在	無制限納税義務者※ （日本国内に住所あり等）	制限納税義務者※ （日本国内に住所なし等）
日本国内	相続税の対象となる	
日本国外		相続税の対象とならない

※納税義務者区分については、Q34.1（1）図を参照

３．本件の取扱い

　ご質問の暗号資産は上記１．より相続税法でいうところの財産に該当します。また、上記２．（１）～（３）より、お父様は10年を超えて日本国内に住所を有していなかったものの、あなたは日本国内に長年住所を有していたことから相続税の納税義務者区分は無制限納税義務者に該当します。この場合、本件の暗号資産はお父様の住所地であるシンガポールに所在する国外財産に該当するとしても、相続税の対象となる課税財産に含まれます。

４．暗号資産を遺贈している場合

　暗号資産を相続人以外に特定遺贈している場合には、注意が必要です。相続人以外の個人又は法人に暗号資産を特定遺贈した場合には、相続開始時の暗号資産の時価を、被相続人の雑所得等の総収入金額に算入する必要があります（所法40①一、所令87）。この場合、被相続人の所得金額によっては準確定申告が必要となります（所法124①、125①）。

36　秘密鍵が不明な暗号資産の相続税 贈与税・相続税

> **Q** 父は暗号資産を保有していましたが、その秘密鍵が分かりません。それでも、相続財産になるのでしょうか？

> **A** 秘密鍵が分からない暗号資産であっても、相続財産として相続税の計算に計上すべきと考えられます。

解説

1．暗号資産の保管方法

　暗号資産のブロックチェーンは、チェーンのように連続した電子署名をその内容とします。別のアドレスに暗号資産を送金するなどの取引を行うときには「秘密鍵」（Q11参照）を利用してブロックチェーン上のデータに署名を加えていきます。すなわち、暗号資産の取引を行うためには秘密鍵が必要となり、この秘密鍵が分からなくなってしまうと、自らが所有するはずの暗号資産の取引を行うことができなくなってしまいます。

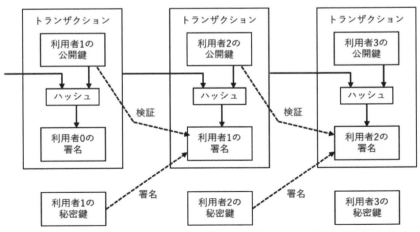

出典：Satoshi Nakamoto, "Bitcoin: A Peer-to-Peer Electronic Cash System"

　一般的に、暗号資産の取引を行う場合、ウォレット（Q10参照）を使用します。ウォレットには秘密鍵が保管されています。ウォレットは、インターネットに常時接続されているホットウォレットと、インターネットから切り離されたコールドウォレットの二つに大別できます。コールドウォレットは、更に紙に印刷して保管するペーパーウォレットと専用デバイスで管理するハードウェアウォレットに分類できます。

2．相続税申告の際に想定される問題点

　ホットウォレットを使用する際には、ログインのためのパスワードが必要とされます。また、コールドウォレットのうちハードウェアウォレットも、使用する際に暗証番号を入力することが一般的です。これらのパスワードや暗証番号が分からなくなってしまった時に備えて、多くのホットウォレットやハードウェアウォレットではリカバリーフレーズの別途保管が求められています。これらのウォレットについて、相続税申告の際に次のような問題が起こることが考えられます。

・ホットウォレットにログインするためのパスワードが分からない
・ハードウェアウォレットの暗証番号が分からない
・ホットウォレットやハードウェアウォレットのリカバリーフレーズが分からない
・ペーパーウォレットを紛失してしまった

▶ 秘密鍵が分からなくなってしまった

　このような場合にも、暗号資産を相続財産として相続税の計算に計上すべきかが問題となります。

3．秘密鍵の分からない暗号資産が、相続財産になるか否か

　この問題について、国会において国税庁より次の内容の答弁があり、秘密鍵が分からない暗号資産であっても相続税の課税対象となる財産に該当するものとして取り扱われています。

・相続税法では、個人が金銭に見積もることができる経済的価値のある財産を相続又は遺贈により取得した場合には、相続税の課税対象になるとされている。

・暗号資産については、資金決済に関する法律上、代価の弁済のために不特定の者に対して使用することができる財産的価値と規定されている。

・このため、暗号資産にも相続税が課税される。

・相続人が、被相続人の設定した秘密鍵を知らない場合であっても、相続人は被相続人の保有していた暗号資産を承継することになるので、その暗号資産は相続税の課税対象となる。

・「秘密鍵が分からなくなってしまった」というのは当事者にしか分からない問題であり、課税当局としてその真偽を判定することは困難である。

・したがって、秘密鍵が分からないという相続人の主張があった場合でも、相続税の課税対象となる財産に該当しないと解することは課税の公平の観点から問題があり、適当ではない。

（第196回国会 参議院財政金融委員会 平成30年3月23日 第6回質疑）

37　相続税計算時の暗号資産の評価 　贈与税・相続税

> **Q** 相続税を計算する際、暗号資産はどのように評価するのでしょうか？

> **A** 活発な市場が存在する暗号資産については、相続人等が取引を行っている暗号資産交換業者が公表する課税時期の取引価格によって評価します。活発な市場が存在しない暗号資産については、売買実例価額・精通者意見価格等を参酌して評価する方法が国税庁から示されています。

解説

1．評価の基本的考え方

　暗号資産の評価方法については、相続税法及び財産評価基本通達での取扱いが示されていないことから、同通達5（評価方法の定めのない財産の評価）の定めに基づき、同通達に定める評価方法に準じて評価することとなります。具体的には、活発な市場が存在する暗号資産と、活発な市場が存在しない暗号資産に分けてその評価を考えます（「暗号資産情報」27）。

2．活発な市場が存在する暗号資産の評価

　暗号資産のうち、活発な市場が存在する暗号資産については、活発な取引が行われることによって客観的な交換価値が明らかとなっていることから、外国通貨に準じて、相続人等の納税義務者が取引を行っている暗号資産交換業者が公表する課税時期における取引価格によって評価します。

　この場合の、「活発な市場が存在する」場合とは、暗号資産取引所又は暗号資産販売所において十分な数量及び頻度で取引が行われており、

継続的に価格情報が提供されている場合をいいます。また、この取引価格については、暗号資産交換業者が納税義務者の求めに応じて提供する残高証明書に記載された取引価格を用いることもできます。

3．活発な市場が存在しない暗号資産の評価

　活発な市場が存在しない暗号資産の評価は、客観的な交換価値を示す一定の相場が成立していないため、その暗号資産の内容や性質、取引実態等を勘案し個別に評価します。その評価の方法としては、売買実例価額・精通者意見価格等を参酌して評価することとなります。

4．残高の確認・邦貨換算
（1）残高の確認

　日本で登録を受けている暗号資産交換業者では、相続開始時の残高証明書を発行する業者もあります。残高証明書の発行を受けられる場合は、残高証明書を基に暗号資産の残高を確認します。一方、海外の取引所では、残高証明書の発行を行っていない取引所もあります。このような取引所では、相続開始後に取得したウォレットの残高情報と取引履歴を組み合わせて、相続開始時の残高の確認を行う方法が考えられます。

（2）邦貨換算等

　日本で登録を受けている暗号資産交換業者では、日本円の評価額を記載した残高証明書を発行する業者もあります。この場合は、邦貨換算は不要です。

　なお、暗号資産の評価額が外貨建てで記載されている場合には、財産評価基本通達4-3（邦貨換算）に基づき、納税義務者の取引金融機関が公表する課税時期における対顧客直物電信買相場（TTB）により換算を行います。

　また、残高証明書に暗号資産の数量しか記載されていない場合には、相続人等の納税義務者が取引を行っている暗号資産交換業者が公表する

課税時期における取引価格によって評価し、その取引価格が外貨建ての
ものしか入手できない場合は、同通達4-3（邦貨換算）に基づき、納
税義務者の取引金融機関が公表する課税時期における対顧客直物電信買
相場（TTB）により換算を行います。

III

NFT

38　NFTとは　基本

> **Q** ｜ NFTとは何でしょうか？

> **A** ｜ NFTとは、ブロックチェーン技術を用いた唯一無二の鑑定書のことです。

解説

　NFTとは、Non Fungible Tokenの頭文字をとったものであり、非代替性トークンと訳されますが、簡単にいうと、暗号資産の基盤技術となっているブロックチェーン技術（Q5参照）を用いた、唯一無二の鑑定書のことです（デジタルデータの複製を防ぐ仕組みではありません）。これとデジタルデータを紐づけることにより、今まで通常なら簡単にコピーできるがゆえ価値がつかなかったデジタルデータに、希少性や真正性を付与することが可能になりました。

　また、NFTの取引にはイーサリアム（Ethereum）と呼ばれるプラットフォームが使われることが多いですが、イーサリアムでは自動実行される契約を作ることができるスマートコントラクト（Q7参照）という機能を実装することができ、これにより、デジタルデータが譲渡される度に、原作者に手数料が支払われるといった契約を作ることが可能となっています。

コンテンツ作者　　　二次流通の報酬

　NFTは、あるデジタルデータのメタデータ（コンテンツ作者、オーナー、デジタルデータのURLなど）に関する情報をブロックチェーンで管理することにより、そのデジタルデータが唯一無二であることを証明する仕組みとなっています。また、大半のNFTは、イーサリアムのプラットフォーム上で「ERC-721」や「ERC-1155」と呼ばれる規格に基づいて発行されます（イーサリアム上の暗号資産は「ERC-20」と呼ばれる規格に基づいて発行されます）。

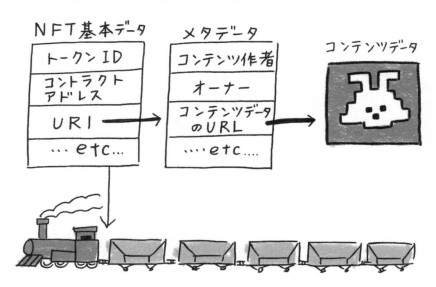

　なお、NFTに紐づけられるデジタルデータ自体はサイズが大きいことから、ブロックチェーンに記録されているわけではなく、マーケットプレイス（取引所）のサーバーやIPFSと呼ばれる分散型ストレージの一種に保存されることが多いです。

　NFTはデジタルアートのほか、トレーディングカードやゲーム内のアイテム、コミュニティへの参加権、チケット、デジタルファッション、メタバース上の資産などの用途があります。

　NFTを暗号資産と比較すると、以下のように整理できます。

	暗号資産	NFT
特徴	代替可能 （同じ仕様・価値、 別トークンと交換可能）	代替不可能 （すべて1点もの。 同じトークンは存在しない。）
分割	可能	不可能
イーサリアム の規格	ERC20 （ERC1155）	ERC721 （ERC1155）
活用例	ETHなど	デジタルアート ゲームアイテムなど

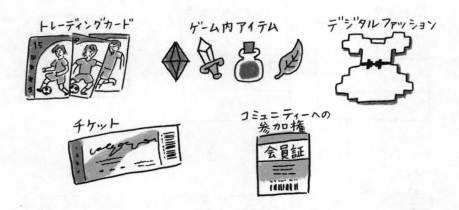

39　NFTの法的性質　基本

> **Q**｜NFTの法的性質はどのように検討すればよいでしょうか？

> **A**｜業界団体がまとめたガイドラインのフローチャートを参考に、個別具体的に検討することになると考えられます。

解説

　令和4年12月1日現在、NFTについて定義している法令はなく、またNFTを直接規制する法令も見当たりません。そのため、NFTの法的性質を検討する際は何をどのような手順で検討するべきか悩むところですが、その際には業界団体である一般社団法人日本暗号資産ビジネス協会がまとめた「NFTビジネスに関するガイドライン」のNFTの法規制に係る検討フローチャート（109頁）を参考に、対象のNFTが「有価証券」「前払式支払手段」「暗号資産」「為替取引」に該当するかを個別具体的に検討していくことになると思われます。

　このうち、NFTが暗号資産に該当するか否かを検討する際には、資金決済法第2条第5項に暗号資産が次のとおり定義されていることから、この定義に該当するかを検討することになります。

　この法律において「暗号資産」とは、次に掲げるものをいう。ただし、金融商品取引法（昭和23年法律第25号）第2条第3項に規定する電子記録移転権利を表示するものを除く。

一　物品を購入し、若しくは借り受け、又は役務の提供を受ける場合に、これらの代価の弁済のために不特定の者に対して使用することができ、かつ、不特定の者を相手方として購入及び売却を行うことができる財産的価値（電子機器その他の物に電子的方法により記録されているものに限り、本邦通貨及び外国通貨並びに通貨建資産を除く。次号において同じ。）であって、電子情報処理組織を用いて移転することがで

　　きるもの
　二　不特定の者を相手方として前号に掲げるものと相互に交換を行うこ
　　とができる財産的価値であって、電子情報処理組織を用いて移転する
　　ことができるもの

　NFTに決済手段性がない場合は、1号の暗号資産には該当しないと
考えられることから、NFTの暗号資産該当性を検討する際には、2号
に該当するかを検討することになります。

　この点、NFTはイーサリアムのブロックチェーンで発行され、NFT
を交換する際にイーサが利用されることが多いですが、イーサは1号の
暗号資産に該当する可能性が高く、「不特定の者を相手方として前号に
掲げるものと相互に交換を行うことができる財産的価値」という要件を
満たし、イーサと交換可能なNFTは2号の暗号資産に該当するとも考
えられます。

　しかしながら、金融庁が公表しているパブリックコメントに対する回
答（令和元年9月3日付）には、「例えば、ブロックチェーンに記録さ
れたトレーディングカードやゲーム内アイテム等は、1号仮想通貨（暗
号資産）と相互に交換できる場合であっても、基本的には1号仮想通貨
（暗号資産）のような決済手段等の経済的機能を有していないと考えら
れますので、2号仮想通貨（暗号資産）には該当しないと考えられま
す。」という解釈が示されています。

　他方、同パブリックコメントに対する回答には、「資金決済法第2条
第5項に規定する仮想通貨（暗号資産）の該当性については、法令に基
づき、実態に即して個別具体的に判断されるべきものと考えておりま
す。」とも記載されており、同一又は類似のNFTを多数発行し、それら
が区別されずに決済手段として用いられているような場合には、NFT
が2号の暗号資産に該当することも否定できないと考えられます。

NFTの法規制に係る検討フローチャート

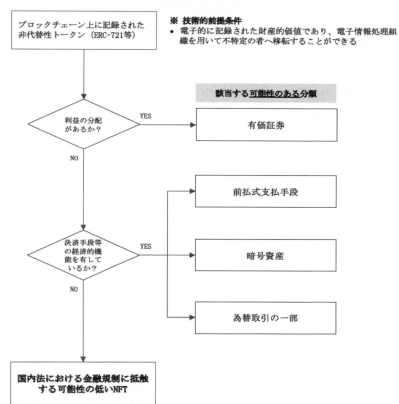

出典：一般社団法人日本暗号資産ビジネス協会「NFTビジネスに関するガイドライン」
（初版：令和3年4月26日策定、第2版：令和4年3月31日改訂）

40　OpenSeaとは　基本

Q│OpenSeaとは何ですか？

A│OpenSeaとは、NFTの取引の大部分が行われているマーケットプレイス（取引所）をいいます。

解説

　「Art」「Music」など様々なNFTの大部分が、OpenSeaと呼ばれるマーケットプレイス（取引所）で取引されています。

　以下のグラフは、NFTの月間取引量を示したものですが、大部分の取引は、米国のOpenSeaというマーケットプレイス（取引所）で取引されています。

　2017年12月に設立されたOpenSeaは、出品は初回の手数料を支払えばそれ以降の手数料がかからず（販売時に売上の2.5％が手数料としてかかります）、取り扱われているNFTのジャンルも「Art」（美術）、「Music」（音楽）、「Domain Names」（ドメイン名）、「Virtual Worlds」（仮想世界のアイテム）、「Traiding Cards」（トレーディングカード）、「Collectibles」（デジタル収集品）、「Sports」（スポーツ関係のアイテム）、「Utility」（ツール）、「Photography」（写真）と多岐にわたります。

NFT Marketplace Monthly Volume

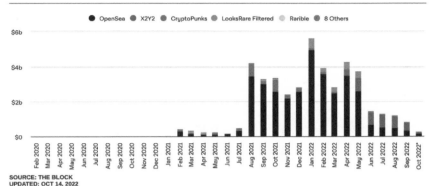

SOURCE: THE BLOCK
UPDATED: OCT 14, 2022

（出典）https://www.theblock.co/data/nft-non-fungible-tokens/marketplaces

　また、利用できるブロックチェーンとして、他のマーケットプレイスでも利用されているイーサリアムだけでなく、ユーザー過多による処理遅延や手数料高騰を解決するために作られたポリゴン（Polygon）やクレイトン（Klaytn）、ソラナ（Solana）と呼ばれるブロックチェーンも利用できます。

　なお、OpenSeaでNFTを購入する際には、MetaMaskと呼ばれるウォレットをOpenSeaと接続し、イーサなどの暗号資産を対価に購入することが多いですが、クレジットカードでも購入が可能です。

41　OpenSeaで購入したNFTを売却した場合　所得税

Q 以前にOpenSeaで購入したNFTを売却しました。所得区分はどうなりますか？

A NFTを売却した場合、その譲渡の基因となる資産や譲渡の形態などに応じ譲渡所得・事業所得・雑所得のいずれかの所得になると考えられます。

解説

1．NFT売却の所得区分

　NFTを譲渡した場合の所得区分は、譲渡所得、事業所得、雑所得のいずれかに区分されるとされています（「NFTタックスアンサー」）。

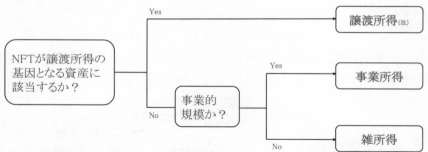

（注）NFTの譲渡が、営利を目的として継続的に行われている場合は、譲渡所得ではなく、雑所得又は事業所得に区分されます。

　なお、譲渡所得の対象となる資産は、土地、借地権、建物、株式等、金地金、宝石、書画、骨とう、船舶、機械器具、漁業権、取引慣行のある借家権、配偶者居住権、配偶者敷地利用権、ゴルフ会員権、特許権、著作権、鉱業権、土石（砂）などであり、貸付金や売掛金などの金銭債権は除かれます。

2．NFT譲渡の形態

　NFTの譲渡については以下のように取引をみることができると考えられます。

① 　NFTだけの譲渡

② 　デジタルコンテンツとNFTの譲渡

③ 　棚卸資産及び棚卸資産に準ずる資産の譲渡

④ 　NFTとそれに紐づいているデジタルコンテンツに係る著作権の譲渡

⑤ 　NFTとそれに紐づいているデジタルコンテンツの利用を許諾する
　　権利の設定

　NFTを二次流通させた場合、上記の①〜⑤のいずれの譲渡に該当するかはOpenSeaの利用規約（Terms Of Service）からは不明であり、OpenSeaに出品されている商品の説明欄にライセンスに関する条件を記載するユーザーがいたり、独自に別途利用規約を定めているユーザーがいることからすると、OpenSeaの利用規約からNFTを二次流通により譲渡した際の所得区分を一義的に決めることはできず、取引内容等から判断せざるを得ないと考えられます。

42　自分で作成したNFTをOpenSea で販売した場合 　所得税

> **Q** ｜ 自分で作成したNFTをOpenSeaで販売しました。販売によっ
> て得た所得の課税関係について教えてください。

> **A** ｜ デジタルコンテンツの原作者が自分で作成したNFTを販売す
> る場合、原則として雑所得に該当するものと考えられます。

解説

　NFTを譲渡した場合の所得区分は譲渡所得、事業所得、雑所得のい
ずれかに区分されます（Q41参照）。

　ここで、自分で作成したNFTの譲渡については以下のように取引を
見ることができると考えられます。

① 　棚卸資産及び棚卸資産に準ずる資産の譲渡

② 　NFTとそれに紐づいているデジタルコンテンツに係る著作権を譲渡

③ 　NFTとそれに紐づいているデジタルコンテンツの利用を許諾する
　　権利の設定

　デジタルコンテンツの原作者がNFTを発行する場合、上記③の取引
が多いのではないかと思われますが、その場合、NFTの対価全体がデ
ジタルコンテンツの利用許諾の対価と評価されるのであれば、譲渡所得
の基因となる資産の譲渡をしているわけではないことや、著作権の使用
料の対価は雑所得に該当する（所基通35-2（4））とされていることか
ら、原則雑所得（事業性が認められれば事業所得）に区分されると考え
られます。

　なお、Openseaでのデジタルコンテンツの利用については、OpenSea
がデジタルコンテンツの著作権者からサブライセンス可能な利用権の設

定を受け、OpenSeaからNFTの譲受人に対してサブライセンス権を設定し、その後のNFTの取引に伴って、当該サブライセンス権が転々と移転される枠組みが採られています。

　ただし、OpenSeaで取引をした際にNFTの対価全体がデジタルコンテンツの利用許諾の対価と評価できるのかは、OpenSeaの利用規約（Terms Of Service）からは不明であり、OpenSeaに出品されている商品の説明欄にライセンスに関する条件を記載するユーザーがいたり、独自に別途利用規約を定めているユーザーがいることからすると、OpenSeaの利用規約からNFT譲渡の対価の所得区分を一義的に決めることはできず、取引内容等から具体的に判断せざるを得ないでしょう。

43　NFTの二次以降の流通に伴って対価を受け取った場合 <small>所得税</small>

> **Q** NFTの二次以降の流通に伴って対価を受け取った場合の所得区分について教えてください。

> **A** NFTの二次以降の流通使用料は原則として雑所得に該当するものと考えられます。

解説 ....

1．NFTを取得した場合の所得区分

　役務提供などにより、NFTやFTを取得した場合、その所得区分は、使用者との雇用関係等により給与所得、事業所得、一時所得及び雑所得となります（「NFTタックスアンサー」）。

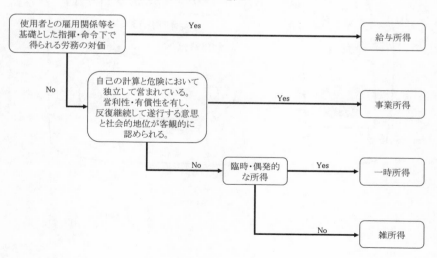

２．NFTの二次以降の流通による対価

　日本の著作権法には、著作物が転売された場合に、その転売価格から一定割合を受け取ることができる権利（追求権）は規定されていません。したがって、NFTが二次以降の流通に伴って支払われる対価は、著作権法に基づく対価ではなく、契約上の権利に基づいて得たものと考えられます。

　この場合、その権利に基づいて得た収入は労務の対価や臨時的・偶発的なものとは考え難いことや、著作権の使用料及び、使用者が使用人から特許権等を承継した後に支払われる金銭は雑所得に区分されるとされていること（所基通35-2（4）、所基通23〜35共-1（1））からすると、NFTの二次以降の流通による対価の所得区分としては原則雑所得（事業性が認められれば事業所得）に区分されると考えられます。

　なお、日本以外の国では追求権が認められている国があり、そのような国の法が準拠法となっている場合は、NFTの二次以降の流通による対価は追求権に基づくものと評価されることも考えられますが、このような場合も所得区分は上記と同様に、原則雑所得に区分されるのではないかと考えられます。

44　非居住者がNFTを譲渡した場合 　所得税

Q 非居住者が日本のプラットフォーム（取引所）を通じてNFTを譲渡して得た所得は、所得税の課税対象となるのでしょうか？

A 非居住者が行ったNFTの譲渡による所得が一定の国内源泉所得に該当すれば、所得税の課税対象になります。

解説

　所得税法上、非居住者（非居住者の判断方法はQ27を参照）が得る一定の国内源泉所得（下表参照）は所得税の課税対象となります（所法161①）。

非居住者の区分（所法164①）／所得の種類（所法161①）	恒久的施設を有する者		恒久的施設を有しない者（所法164①二、②二）	源泉徴収（所法212①213①）
	恒久的施設帰属所得（所法164①一イ）	その他の国内源泉所得（所法164①一ロ、②一）		
（事業所得）	【総合課税】（所法161①一）	【課税対象外】		無
① 資産の運用・保有により生ずる所得（所法161①二）※下記⑦〜⑮に該当するものを除く。		【総合課税（一部）（注2）】		無
② 資産の譲渡により生ずる所得（〃　三）				無
③ 組合契約事業利益の配分（〃　四）		【課税対象外】		20.42%
④ 土地等の譲渡対価（〃　五）		【源泉徴収の上、総合課税】		10.21%
⑤ 人的役務の提供事業の対価（〃　六）				20.42%
⑥ 不動産の賃貸料等（〃　七）				20.42%
⑦ 利子等（〃　八）	【源泉徴収の上、総合課税】（所法161①一）	【源泉分離課税】		15.315%
⑧ 配当等（〃　九）				20.42%
⑨ 貸付金利子（〃　十）				20.42%
⑩ 使用料等（〃　十一）				20.42%
⑪ 給与その他人的役務の提供に対する報酬、公的年金等、退職手当等（〃　十二）				20.42%
⑫ 事業の広告宣伝のための賞金（〃　十三）				20.42%
⑬ 生命保険契約に基づく年金等（〃　十四）				20.42%
⑭ 定期積金の給付補塡金等（〃　十五）				15.315%
⑮ 匿名組合契約等に基づく利益の分配（〃　十六）				20.42%
⑯ その他の国内源泉所得（〃　十七）	【総合課税】（所法161①一）	【総合課税】		無

（出典）国税庁「令和4年版　源泉徴収のあらまし」

　NFTの譲渡については、（1）デジタルコンテンツの証明書たるNFT
だけの譲渡、（2）デジタルコンテンツとNFTの譲渡、（3）棚卸資産
及び棚卸資産に準ずる資産の譲渡、（4）NFTとそれに紐づいているデ
ジタルコンテンツに係る著作権の譲渡、（5）NFTとそれに紐づいてい
るデジタルコンテンツの利用を許諾する権利の設定とみることができる
と考えられます。

　このうち、（1）～（3）の場合は、「国内にある資産の譲渡により生
ずる所得として政令で定めるもの」（3号所得）、「その源泉が国内にあ
る所得として政令で定めるもの」（17号所得）、（4）及び（5）の場合
は、「国内において業務を行う者から受ける次に掲げる使用料又は対価
で当該業務に係るもの」（11号所得）が非居住者が得る国内源泉所得と
して所得税の課税対象になるか否か検討すべき条文になると考えられま
す。

①　3号所得

　国内にある資産の譲渡により生ずる所得に該当するものとして所得税
法施行令第281条第1項では8つの所得が規定されています。

　そのうち、同項第8号に規定する「非居住者が国内に滞在する間に行
う国内にある資産の譲渡による所得」に該当するかが検討すべき条文に
なると思われます。

　NFTが「国内にある資産」に該当するか否かについては、NFTは暗
号資産と同様にブロックチェーン上に記録され、ネットワークに接続し
ている各ノードが同じ台帳を保有することから、ノードが国内にのみあ
るブロックチェーンであれば「国内にある資産」に該当し得るとも考え
られますが、それ以外のブロックチェーンについて「国内にある資産」
とはいい難いと考えられ、その場合は3号所得には該当しないと考えら
れます。

②　11号所得

　国内において業務を行う者から受ける使用料又は対価で当該業務に係

るものとしては、「著作権（出版権及び著作隣接権その他これに準ずるものを含む。）の使用料又はその譲渡による対価」で当該業務に係るもの（所法161①十一ロ）が、検討すべき条文になります。

　「著作権の使用料とは，著作物（著作権法第２条第１項第１号《定義》に規定する著作物をいう。…）の複製，上演，演奏，放送，展示，上映，翻訳，編曲，脚色，映画化その他著作物の利用又は出版権の設定につき支払を受ける対価の一切をいう」と解されており（所基通161-35）、著作権の使用料であるかを検討する際には、NFTに紐づくデジタルコンテンツが、日本の著作権法第２条第１項第１号に規定する「著作物」（思想又は感情を創作的に表現したものであって、文芸、学術、美術又は音楽の範囲に属するもの。）に該当するかを検討する必要があります。この「著作物」の対価に該当するのであれば、11号所得になり得ると考えられます。

③　17号所得

　その源泉が国内にある所得として所得税法施行令第289条には６つの所得が規定されており、そのうち、同条第６号に規定する「国内において行う業務又は国内にある資産に関し供与を受ける経済的な利益に係る所得」に該当するかが検討すべき条文になります。

　所得税法には「業務」の定義はなく、一般的には、社会生活上反復継続して行われることを意味するとされますが、そのような「業務」と評価でき、NFTを時価よりも高く売却したことによって経済的利益を受けたような場合は「国内において行う業務…に関し供与を受ける経済的な利益に係る所得」に該当することがあると思われますが、単にNFTを時価で売却したような場合は該当しないと考えられます。

　また、これも上記①で述べたように、ノードが国内にのみあるブロックチェーン以外は「国内にある資産」に該当するとはいい難いと考えられ、NFTの売却による所得が「国内にある資産に関し供与を受ける経済的な利益に係る所得」に該当する場合は少ないのではないかと考えら

れます。

> ### コラム　外国で著作権とされるものを日本の租税法にどうあてはめるべきか？
>
> 　租税法で用いられる用語について、その定義がされているものは、各税法の定義規定か条文中に括弧を用いて置かれることが多いです。定義が置かれていない概念について、私法上におけるのと同じ概念を用いている場合には、別意に解すべきことが租税法規の明文又はその趣旨から明らかな場合は別として、それを私法上におけると同じ意義に解するのが、法的安定性の見地からは好ましいとされています（金子宏『租税法〔第24版〕』弘文堂127頁）。
>
> 　しかしながら「著作権」のようにその取引がクロスボーダー（国境を越えて行う）取引の場合で、かつ、その準拠法が日本法以外の場合には、日本の租税法の適用において、日本の著作権法の著作権と同じように解釈すべきかについては検討が必要になります。
>
> 　外国の法令上の著作権が、日本の租税法上の著作権に該当するか否かを判断する方法としては、大きく①外国の準拠法上、取引の対象が著作権に該当する旨規定されているかを検討する方法（外国私法基準説）と、②日本の著作権法において著作権がいかなる属性を有するとされているか探求したうえで、外国の準拠法上の著作権がそのような属性を有するかにより該当性を判断する方法（内国私法基準説）があり、どちらの説の中にも更に複数の見解があります。
>
> 　外国の法令上の著作権が日本の租税法上の著作権に該当するか否かを判断する方法としてどのような説を採用すべきかについては、法令等で明確にされているわけではありませんが、以下の事件（米国デラウェア州の法律に基づいて設立されたリミテッド・パートナーシップ（LPS）が日本の租税法における法人に該当するか否かが主たる争点となった事件）の判示が参考になると思われます。
>
> 　なお、上記事件の最高裁調査官解説では、下記の判示について、「外国私法基準説又は内国私法基準説の一方のみを採用するものではなく、両者の見解を踏まえた上でいわばこれを統合した判断方法を定立したものということが可能である」と解説されています。

最高裁平成27年7月17日第二小法廷判決（民集第69巻5号1253頁）

外国法に基づいて設立された組織体が所得税法2条1項7号等に定める外国法人に該当するか否かを判断するに当たっては、まず、より客観的かつ一義的な判定が可能である後者の観点として、①当該組織体に係る設立根拠法令の規定の文言や法制の仕組みから、当該組織体が当該外国の法令において日本法上の法人に相当する法的地位を付与されていること又は付与されていないことが疑義のない程度に明白であるか否かを検討することとなり、これができない場合には、次に、当該組織体の属性に係る前者の観点として、②当該組織体が権利義務の帰属主体であると認められるか否かを検討して判断すべきものであり、具体的には、当該組織体の設立根拠法令の規定の内容や趣旨等から、当該組織体が自ら法律行為の当事者となることができ、かつ、その法律効果が当該組織体に帰属すると認められるか否かという点を検討することとなるものと解される。

45　NFTの売却や二次流通における消費税法上の取扱い　消費税

> **Q**　NFTの売却や二次流通は、消費税法上の課税取引に該当しますか？

> **A**　非居住者への譲渡など免税取引に該当しないNFTの売却等は課税取引に該当します。

解説

1．消費税の課税対象

　消費税は、国内において事業者が行った資産の譲渡等及び事業として他の者から受けた特定資産の譲渡等に対して課税されます（消法4①）。

　消費税法上の課税取引とは、①国内取引であること、②事業者が事業として行うものであること、③対価を得て行うものであること、④資産の譲渡、資産の貸付け又は役務の提供であることの四つの要件を満たす取引をいいます（消法2①八、4①）。

　「有価証券」や「前払式支払手段」、「暗号資産」に該当しないNFTに係る取引は、非課税取引には該当しない（消法6①、別表第1二、四ハ、消令9④、11）ことから、免税取引であるか否かを検討し、免税取引に該当しなければ課税取引に該当することになります。

2．免税取引

　NFTに係る取引が免税取引となり得る場合として、日本国内で非居住者に対してNFTを譲渡する場合や、日本国外でリアルに開催されるコミュニティのイベントに（非居住者が）参加する場合などが想定されます。前者の場合は、著作権の譲渡（出版権及び著作隣接権その他これ

に準ずる権利を含む。）の譲渡又は貸付けで非居住者に対して行われる
もの（消法７①五、消令６①七、17②六）、後者の場合は非居住者に対
して行われる役務提供で、国内において直接便益を享受するもの以外の
もの（消法７①五、消令17②七・八）に該当すれば、輸出免税等として
消費税は免税されるものと考えられます。

　ただし、輸出免税等の適用を受けるためには、契約書等の書類に資産
の譲渡等の相手方の氏名又は名称及び住所が記載されている必要があり、
NFT取引の相手方が特定できない場合、輸出免税等の適用が受けられ
ないものと考えられます（消法７②、消規５①四ホ）。

　なお、輸出免税等の規定における非居住者は、所得税法における非居
住者（居住者以外の個人。所法２①五）と同じ意義ではなく、外国為替
及び外国貿易法第６条第１項第６号に規定する非居住者（本邦内に住所
又は居所を有する自然人及び本邦内に主たる事務所を有する法人以外の
自然人及び法人。消令１②二）のことを指します。

3．課税取引

　免税取引にならない取引は課税取引となりますが、NFTの一次流通
の際に売却した取引については、資産の譲渡・資産の貸付け・役務の提
供・電気通信利用役務の提供、二次流通については、役務の提供、電気
通信利用役務のいずれかに該当するのではないかと考えられます。

4．内外判定

　NFTについては、ブロックチェーン上に記録される（Q38参照）こ
とから、資産の所在や役務の提供場所が明らかでないものと考えられま
すが、このような場合の内外判定は、次のような基準で行うことになり
ます（消法４③）。

類型	内外判定の基準
所在不明の資産の譲渡	譲渡を行う者の当該譲渡に係る事務所等の所在地（消令6①十）
著作権（出版権及び著作隣接権その他これに準ずる権利を含む。）	譲渡又は貸付けを行う者の住所地（消令6①七）
所在不明の資産の貸付け	貸付けを行う者の当該貸付けに係る事務所等の所在地（消令6①十）
役務の提供地が不明	役務提供を行う者の役務提供に係る事務所等の所在地（消令6②六）
電気通信利用役務の提供	役務提供を受ける者の住所・居所又は主たる事務所の所在地（消法4③三）

　なお、電気通信利用役務の提供については、「資産の譲渡等のうち、電気通信回線を介して行われる著作物の提供（当該著作物の利用の許諾に係る取引を含む。）…」と定義付けされており、この「著作物」については、日本の著作権法第2条第1項第1号に規定する「著作物」（思想又は感情を創作的に表現したものであつて、文芸、学術、美術又は音楽の範囲に属するものをいう。）をいうと規定されています（消法2①八の三）。そのため、国外の法令においてNFTが著作物とされている場合であっても、日本の著作権法上の「著作物」に該当するかの判断が必要になります（121頁コラム参照）。

46　NFTを贈与された場合の贈与税の申告 贈与税・相続税

> **Q** 知人からNFTを贈与してもらいました。この場合に贈与税の申告は必要ですか？

> **A** 贈与を受けたNFTが金銭に見積もることのできる経済的価値に該当する場合、その贈与を受けた金額と他の財産の取得と合わせ110万円を超える場合は贈与税の申告が必要となります。なお、贈与をした方については、受贈者が個人か法人か、NFTの保有目的に応じ、所得税の課税関係が生じるケースがあります。

解説

１．贈与を受けた人の税務上の取扱い

（１）NFTとは

　NFTとは、ブロックチェーン技術を用いた唯一無二の鑑定書であり（Q38参照）、様々な活用事例が想定されます。

　Q46～Q49では多くの人がイメージするであろう画像データと結びつけられた固有のIDを持つトークンをNFTといい、このNFTを贈与した場合の課税関係について検討していきます。

（２）NFTの贈与が行われた場合の贈与税の課税関係

　NFTの贈与とは、固有のIDを持つトークンを、現所有者の管理するアドレスから、受贈者が管理するアドレスに送信することをいいます。固有のIDを持つトークンに紐づけられた画像データがあればこのデータも併せて現所有者から受贈者に贈与されると考えられます。

　個人が贈与で取得した一定の財産については、贈与税が課税されます

（相法2の2）。この一定の財産とは、金銭に見積ることができる経済的価値のあるすべてのものをいいます（相基通11の2-1）。したがって、贈与されたNFTが金銭に見積もることのできる経済的価値を有するものであれば、贈与税が課されることになります。

（3）NFTの評価

NFTの評価方法は、相続税法及び財産評価基本通達に定められていません。このため、財産評価基本通達5（評価方法の定めのない財産の評価）に基づいて、財産評価基本通達に定める評価方法に準じて評価することとなります。

このセクションでは、画像データと結びつけられた固有のIDを持つトークン（NFT）を贈与した場合の課税関係について検討しています。これらNFTは、財産評価基本通達135（書画骨とう品の評価）により、売買実例価額・精通者意見価格等を参酌し、転売に係るロイヤリティが生じるNFTについてはそのロイヤリティを控除して評価すると考えられます。なお、評価の詳細については、Q49を参照してください。

（4）贈与税申告の要否

NFTの贈与が行われた場合において、そのNFTが金銭に見積もることのできる経済的価値を有するものであるときには贈与税の課税対象になります。また、その評価は、売買実例価額、精通者意見価格等を参酌して行うと考えられます。

このNFTの評価額と、その他贈与を受けた一暦年中の財産の金額の合計額が110万円を超える場合には、贈与税の申告が必要になります。

2．贈与をした人の税務上の取扱い

（1）贈与をしたNFTが譲渡所得の基因となる資産に該当する場合

個人が趣味で収集していたNFT（1個の価額が30万円超のものに限ります。）など、贈与をしたNFTが譲渡所得の基因となる資産に該当する場合において、受贈者が個人のときには受贈者の贈与税の対象にはな

るものの、贈与者の所得税の課税関係は生じません。しかし、受贈者が法人の場合には、贈与時の時価に相当する金額でNFTを譲渡したものとみなされ、譲渡所得の計算が必要となります（所法59①一）

（2）贈与をしたNFTが棚卸資産に該当する場合

　NFT制作業やNFT転売業を行っている個人がNFTを贈与した場合、当該NFTは、棚卸資産に該当します（所法２①十六、所令３）。棚卸資産に該当するNFTを贈与した場合には、受贈者が個人・法人を問わず、贈与時の棚卸資産であるNFTの時価に相当する金額を、事業所得又は雑所得の総収入金額に算入する必要があります（所法40①一）。

　なお、NFTは資金決済法第２条第５項各号に定める暗号資産には該当しないとされていることから（令和元年９月３日付 金融庁パブリックコメント）、暗号資産としての棚卸資産に準ずる資産には該当しないことになります（所令87）。

47　NFTを贈与された場合の贈与税の 計算方法 　贈与税・相続税

> **Q** NFTを贈与された場合の、贈与税の具体的な計算方法について教えてください。

> **A** 贈与により取得した財産がNFTであったとしても、贈与税の計算方法が変わることはありません。なお、贈与を受けた人が国外に居住している場合など、贈与税の納税義務者区分が制限納税義務者に該当する場合には、法施行地（日本国内）にある財産にのみ贈与税が課されます。この場合のNFTの所在の判定は、贈与者の住所の所在により判断します。

解説

1．贈与税の納税義務者区分と課税財産の範囲

（1）贈与税の納税義務者区分と課税財産の範囲

　贈与税の計算を行うにあたり、まず、贈与を受けた者が国内に住所を有するか否かなどによる贈与税の納税義務者区分と、これに応じた課税財産の範囲を検討する必要があります。このうち、贈与税の納税義務者区分は、贈与者と受贈者の住所・国籍・過去10年以内の住所の状況・在留資格などを基に判断します（Q34.1.（1）図参照）。

　贈与税の納税義務者区分が、居住無制限納税義務者・非居住無制限納税義務者に該当する方は、取得財産の全部について贈与税が課税されるので財産の所在は問題となりません。しかし、居住制限納税義務者・非居住制限納税義務者に該当する方は、その取得財産のうち相続税法の施行地に所在するもののみに贈与税が課されます。このため、取得した財産の所在を確認する必要があります。

（2）財産の所在

　財産の所在は、相続税法第10条により判断します。同条第1項各号では具体的な財産を列挙し、その財産の所在を定めています。NFTは動産を含む相続税法第10条第1項各号に掲げる財産のいずれにも該当しません（Q34.1.（2）参照）。よって、同条第3項に基づき、贈与者の住所の所在により判断することとなります。

　なお、固有のIDを持つトークンと紐づけられた資産（例：現物の絵画、不動産など）の内容によって、財産の所在の判断も異なると考えられますので、ご注意ください。

（3）贈与税の計算方法

　贈与財産がNFTであったとしても、贈与税の計算方法が異なることはありません。

2．具体例

（1）設例

　○○年8月1日に、私はNFTマーケットプレイス（取引所）にて第三者からNFTを120.0ETH（同日における1.0ETH/日本円＝20万円）で購入し、同日のうちにこのNFTを自分のアドレスから私の子ども（同年1月1日現在において30歳）が管理するアドレスに送りました。なお、この送信を行う前に、私は子どもにこのNFTを送る旨を口頭で伝え、本人も承諾しています。

　なお、私も子どもも日本に住んでおり、子どもは同年中にほかに贈与を受けた財産はありません。また、贈与をしたNFTは棚卸資産には該当しません。この場合の贈与税の計算がどのようになるか示してください。

（2）贈与税の計算

ア　贈与税の納税義務者区分・課税財産の範囲

　贈与者・受贈者共に日本国内に住所があるため、贈与を受けた子ども

は居住無制限納税義務者に該当します。また、贈与をしたNFTの所在は、贈与者の住所の所在を基に判断します（相法10③）。

　本設例の場合、贈与をした者は日本に在住していることから、贈与をしたNFTの所在地は日本となります。

　これらのことから本設例におけるNFTの贈与は、居住無制限納税義務者に該当する受贈者が国内に所在する財産の贈与を受けたものとして、贈与税が課税されます。

イ　財産の評価

　NFTの評価額について、相続税法及び財産評価基本通達にはその定めがありません。このため、財産評価基本通達5（評価方法の定めのない財産の評価）に基づいて同通達に定める評価方法に準じて評価することになります。

　この場合、NFT（画像データと結び付けられた固有のIDを持つトークン）については、財産評価基本通達135（書画骨とう品の評価）に基づき評価すると考えられます。

　ご質問のケースでは贈与時の売買実例価額が明らかであり、かつ、その価額は第三者間で自由な取引が行われた場合に成立した価額のため、この金額を財産の評価額とするのが合理的と考えられます。

ウ　贈与税の計算

　（200,000円×120.0ETH－1,100,000円）×45%－2,650,000円＝7,655,000円

（3）贈与者側の課税関係

ア　NFT購入時の課税関係

　NFTを保有する暗号資産で購入した場合、保有する暗号資産を譲渡したことになります。この場合、購入したNFTの価額（＝ETHの譲渡価額）とETHの譲渡原価等の差額を雑所得として認識します（「暗号資産情報」2）。

イ　NFT贈与時の課税関係

　贈与をしたNFTが譲渡所得の基因となる資産に該当する場合、本設

例では受贈者が個人のため受贈者の贈与税の対象にはなるものの、贈与者の所得税の課税関係は生じません（所法59①一）。

48　NFTは相続税の対象となり得るか　贈与税・相続税

> **Q** 亡くなった父（日本に居住）が生前にNFTマーケットプレイ
> ス（取引所）で購入したNFTは、相続税の対象となる相続財
> 産になるのでしょうか?

> **A** NFTは、相続税法でいうところの「財産」に該当します。な
> お、NFTが相続税の対象となる課税財産に含まれるか否かは、
> 相続人・受遺者の方々の納税義務者区分、亡くなったお父様
> の住所により判定する財産の所在を基に判断することとなり
> ます。また、NFTの遺贈が行われた場合には、亡くなったお
> 父様のNFTの所有目的、受遺者が個人か法人か、相続人か否
> かによって所得税の課税関係が発生することもあるので注意
> が必要です。

解説

1．NFTは相続税の課税対象となる財産か否か

　相続税法第2条では個人が取得した一定の財産について、相続税が課
税される旨が示されています。この一定の財産とは、金銭に見積ること
ができる経済的価値のあるすべてのものをいうとされています（相基通
11の2-1）。

　金銭に見積もることのできる経済的価値のあるNFTであれば、相続
税の課税対象となります。金銭に見積もることのできる経済的価値のあ
るNFTの具体例としては、NFTマーケットプレイス上で実際に売買さ
れているNFTなどが挙げられます。

２．相続税の納税義務者区分と課税財産の範囲

（１）相続税の納税義務者区分と課税財産の範囲

　相続税は、被相続人、相続人・受遺者が国内に住所を有していたか否かなどによる相続人・受遺者の納税義務者区分により課税される財産の範囲が異なります。納税義務者区分は、被相続人と相続人・受遺者の住所、国籍、過去10年以内の住所の状況、在留資格などを基に判断します（Q34.１.（１）図参照）。

　相続税の納税義務者区分が、居住無制限納税義務者及び非居住無制限納税義務者となる者は、取得財産の全部について相続税が課されます。これに対し、居住制限納税義務者及び非居住制限納税義務者となる者は、その取得財産のうち相続税法の施行地に所在するもののみに相続税が課されます。相続人・受遺者に制限納税義務者が含まれる場合、課税財産の範囲を確定させるためには、取得した財産の所在を併せて確認する必要があります。

（２）財産の所在

　固有のIDを持つトークンと結び付けられた画像データを内容とするNFTが国内又は国外にあるかの所在は、被相続人の住所の所在により判断します（相法10③）。なお、固有のIDを持つトークンと紐づけられた資産（例：現物の絵画、不動産など）の内容によって、財産の所在の判断も異なると考えられますので、ご注意ください。例えば、不動産と結び付けられたNFTの場合、不動産の所在により判断すると考えられます（相法10①一）。

（3）まとめ

　このように、NFTは相続税の対象となる財産に該当し、課税財産の範囲に含まれるか否かは納税義務者区分及び財産の所在を基に判断します。表にまとめると、次のようになります。

財産の所在 ＼ 相続人・受遺者の納税義務者区分	無制限納税義務者※（日本国内に住所有り等）	制限納税義務者※（日本国内に住所無し等）
日本国内	相続税の対象となる	
日本国外		相続税の対象とならない

※納税義務者区分については、Q34. 1（1）図を参照

3．本件の取扱い

　本設例におけるNFTは上記1．より、相続税法でいうところの財産に該当します。また、上記2．（1）～（3）より、お父様は日本国内に居住し住所を有していたと認められるため、あなたの相続税の納税義務者区分は無制限納税義務者に該当します。なお、お父様は日本国内に住所を有していたと認められることから、NFTは日本国内に所在する財産となり、ご質問のNFTは相続税の対象となる課税財産となります。

4．NFTを遺贈している場合
（1）NFTが譲渡所得の基因となる資産に該当する場合

　お父様の所有していたNFTが例えば個人的な趣味で収集していたNFT（1個の価額が30万円超のものに限ります）であるなど、棚卸資産ではなく譲渡所得の基因となる資産に該当する場合において、個人の方が相続又は遺贈によりこのNFTを取得したときには、お父様の相続税の対象となるものの、所得税の課税関係は生じません。

　なお、このNFTを法人に遺贈している場合には、相続開始時の時価に相当する金額で譲渡したものとみなして、お父様の譲渡所得を計算す

る必要があります（所法59①一）。

（2）NFTが棚卸資産に該当する場合

　お父様の所有していたNFTが棚卸資産に該当する場合において、このNFTが相続人以外の方や法人に特定遺贈されたときには、個人への遺贈は相続税の対象となり、また、その相続開始時の時価をお父様の事業所得又は雑所得の総収入金額に算入する必要があります（所法2①十六、所法40①一）。

49　相続税計算時のNFTの評価 贈与税・相続税

> **Q** 相続税を計算する際、NFTはどのように評価するのでしょうか？

> **A** NFTの評価は、売買実例価額、精通者意見価格等を参酌して評価すると考えられます。なお、転売に係るロイヤリティが発生するNFTについては、財産評価上、そのロイヤリティを控除できると考えられます。

解説

1．NFTの評価の基本的考え方

　NFTの評価について、相続税法及び財産評価基本通達にその取扱いは定められていません。このため、財産評価基本通達5（評価方法の定めのない財産の評価）に基づいて、同通達に定める評価方法に準じて評価することとなります。

　この場合、固有のIDを持つトークンと結び付けられた画像データを内容とするNFTについては、売買実例価額、精通者意見価格等を参酌して評価すると考えられます（評基通135（書画骨とう品の評価））。

　なお、固有のIDを持つトークンと紐づけられたデータや資産（例：現物の絵画・不動産など）の内容によって準じる評価方法は異なりますのでご注意ください。

　NFTの売買実例価額について、NFTマーケットプレイスによっては、作品制作者ごとに売買金額を含めた売買履歴を見ることができるところもあります。また、課税時期に同一作品が出品されていればその価格を参照することもできます。実務上、このようなデータを基に、その価額を決定することも合理的な方法として考えられます。

２．転売に係るロイヤリティの控除

　NFTによっては、転売時に売主がNFT発行者等に転売に係るロイヤリティを支払う必要があるものもあります。この場合、土壌汚染地・埋蔵文化財包蔵地の評価を参考に、NFTの評価上そのロイヤリティを控除できるものと考えられます。

　転売に係るロイヤリティの有無については、NFT制作者等との間の利用規約を確認するほか、NFTマーケットプレイスによっては、転売時のロイヤリティの有無や割合を示してくれるところもあります。

　なお、NFTマーケットプレイスによっては、転売時にも手数料がかかるところもありますが、この手数料の控除はできないと考えられます。これは、例えばAというNFTマーケットプレイスで購入したNFTを転売手数料のかからないBというNFTマーケットプレイスで転売する、相対取引でNFTを転売するなど、先述の転売時のロイヤリティと異なり発生しない可能性もある費用であるためです。

３．著作権等の権利

　NFTを購入しても、NFTに紐づけられたコンテンツの著作権、肖像権、パブリシティ権、商標権等の権利が移転するのではなく、利用許諾契約等に基づいた利用権が付与されることが多いようです（三菱UFJリサーチ＆コンサルティング「NFTの動向整理」2022年6月23日）。

　しかし、著作権等の権利を含む内容でNFTの譲渡契約が行われた場合において、その著作権等の額が区分されているときには、その契約内容に応じて別途、著作権等の評価方法（評基通148ほか）により評価すると考えられます。

４．邦貨換算

　NFTマーケットプレイスでは、その価格はETHや米ドルで表示されることが多いようです。この場合、財産評価基本通達4-3（邦貨換算）

　に基づき、納税義務者の取引金融機関が公表する課税時期における対顧客直物電信買相場（TTB）により換算を行います。

　例えば、NFTの相続税評価額が5,000米ドル、相続開始日の米ドル／日本円の対顧客直物電信買相場（TTB）＝145.00の場合、5,000米ドル×145.00＝725,000円という計算を行います。

IV

メタバース

50　メタバースとは　基本

Q | メタバースとは何でしょうか？

A | メタバースとは「多人数が参加可能で、参加者がアバターを操作して自由に行動でき、他の参加者と交流できるインターネット上に構築される仮想の三次元空間」をいいます。メタバースの特徴として、メタバースの中で一つの経済圏が構成され、メタバース内で所有・投資・販売・報酬を得ることができることが挙げられます。したがって、税務上はこの経済活動から生じる所得や財産をどのように把握し、課税関係を整理するかがポイントになります。

解説

1．メタバースの概要

　メタバースという言葉自体に決まった定義はありません。このため、本書では経済産業省が取りまとめた令和3年7月13日付報告書「仮想空間の今後の可能性と諸課題に関する調査分析事業」に記載されている「多人数が参加可能で、参加者がアバターを操作して自由に行動でき、他の参加者と交流できるインターネット上に構築される仮想の三次元空間」をメタバースの定義とします。

　メタバースはゲームだけでなく、医療、教育、その他あらゆる産業の様々な領域で社会課題を解決していく大きなポテンシャルを秘めているとも言われています。

　既にメタバースについては様々なものがありますが、その代表例として、「THE SANDBOX」や「Decentraland」があります。

　THE SANDBOX、Decentralandはそれぞれのゲーム内で使用する独自通貨を発行しており、この独自通貨は現実世界でも売買できます。また、THE SANDBOX、Decentraland共にゲーム内のアイテムや土地は固有のIDを持つトークン（NFT）と結び付けられ、ゲーム内だけでなく外部のNFTマーケットプレイスでも売買できます。

2．メタバースの特徴、税務上の論点

　メタバースの特徴をまとめたものとして、米国の投資家のMatthew Ball氏がまとめた7つの特徴があります（https://www.matthewball. vc/all/themetaverse）。

1	永続的であること	・リセット、一時停止、終了することがない。
2	同期的であること	・事前にスケジュールされた自己完結型のイベントは、実生活と同じように起こる。 ・誰にとっても一貫してリアルタイムに存在する、生きた体験となる。
3	同時接続ユーザ数に制限がない	・誰でもメタバースの一部となり、特定のイベントや場所、活動に同時参加できる。
4	経済があること	・個人や企業は、創造・所有・投資・販売することができ、他者が認める価値を生む仕事をして、報酬を得ることができる。
5	広範であること	・デジタルとフィジカルの世界、プライベートとパブリックのネットワーク、オープンとクローズのプラットフォームの両方をまたいだ体験となる。
6	相互運用性があること	・異なるプラットフォーム間においても、アバターやアイテムなどを自由に持ち運びができる。
7	幅広い企業・個人による貢献	・コンテンツや体験は、個人、有志グループ、企業といった幅広い貢献者によって、作成・運営される。

　税務に関連する特徴としては、4番目の特徴が挙げられます。この中では「完全に機能する経済——個人と企業は、他者から認められる『価値』を生み出す、信じられないほど幅広い『仕事』を生み出し、所有し、投資し、販売し、報酬を得ることができるようになる。」と述べられています。

　このように、メタバースの中で一つの経済圏が構成され、メタバースの中で所有・投資・販売・報酬を得ることができる点が税務面で考慮すべき点です。実際に、前述のTHE SANDBOXやDecentralandでは、ゲーム内で使用する独自通貨を発行し、ゲーム内のアイテムや土地をNFT化することによってこれらのアイテムなどを所有するという概念を生み出しています。更にこれらのアイテムや土地はゲーム内だけでなく外部のNFTマーケットプレイスでも売買することができます。

　したがって、税務面として検討すべきは、これらのメタバース内で行われている経済活動から発生する所得をどのように捉え、その課税関係を整理するかが問題となります。また、これらのアイテムが金銭的な経済的価値を持つのであれば、所得税、法人税、住民税、消費税、相続税、贈与税などの課税の対象となります。以下、本書ではこれらの論点について検討を行っていきます。

51　メタバースに関連する税金

所得税・法人税・消費税・相続税・贈与税

Q メタバースに関連する税金としてはどのようなものが考えられますか？

A 所得税、法人税、住民税、消費税、相続税、贈与税などの税金が関係します。

解説

　メタバース内で取引した場合、所得税、法人税、住民税、場合によっては消費税の申告が必要になります。

　また、メタバース内の資産を相続・贈与した場合には、相続税や贈与税の対象になってきます。

1．所得税、法人税、住民税

　メタバース内での資産の譲渡、役務の提供などの経済活動は、所得税、法人税及び住民税の対象となります。所得税については、給与を1か所からのみ受け、かつ、その給与の全部が源泉徴収の対象となる場合、メタバース内での経済活動による所得金額の合計額が20万円を超えれば確定申告が必要になります（所法120①、121①一）。所得税について申告した場合は住民税の申告をしたものとみなされますので、改めて住民税の申告をする必要はありません（地方税法45の3、317の3）。

　なお、上記の所得税の申告要件にあてはまらない場合であっても住民税については申告が必要になります。

2．消費税

　メタバース内の土地やアイテムの取引は消費税法上の非課税取引に該

当せず課税取引になると考えられるため、原則として基準期間の課税売上高が1,000万円を超える場合はその翌々年（法人の場合は翌々事業年度）から消費税の課税事業者となります（消法5①、9①）。この場合、「消費税課税事業者届出書」を所轄の税務署に提出するとともに、翌々年（翌々事業年度）から消費税の申告が必要になります。

3．相続税、贈与税

　メタバース内の資産を相続・贈与した場合には、相続税や贈与税の対象になってきます。

4．固定資産税・都市計画税

　土地を購入した場合、固定資産税や都市計画税が課税されますが、固定資産税や都市計画税が課税対象としている土地は私法上の土地であり、有体物である土地と解されるため、無体物であるメタバース内の土地を購入したとしても、固定資産税や都市計画税が課税されることはないと考えられます。

52　メタバース内の土地の譲渡や貸付けをした場合の所得区分 　所得税

> **Q** メタバース内の土地を譲渡したり、土地を貸し出した場合の所得区分はどのようになりますか？

> **A** メタバース内の土地を譲渡した場合は（総合）譲渡所得、事業所得又は雑所得に該当し、メタバース内の土地の貸付けをした場合は原則雑所得になると考えられます。

解説

１．メタバース内の「土地」は税法上の「土地」か否か

　メタバース内の土地を売却した場合、不動産の譲渡所得として分離課税（措法31、32）の対象になるか否かが問題となります。

　租税特別措置法には分離課税の対象となる「土地」についての定義はありません。

　租税法においては、私法上におけるのと同じ概念を用いている場合に、別意に解すべきことが租税法規の明文又はその趣旨から明らかな場合は別として、それを私法上におけると同じ意義に解するのが、法的安定性の見地からは好ましいとされています。そのため、所得税法及び租税特別措置法における「土地」は、民法上の「土地」と同義と解すべきと考えられます。

　民法上、物である「土地」は有体物であるとされています。しかし、メタバース内の土地は有体物でない土地であることから、租税特別措置法第31条及び第32条に規定する「土地」には該当しないと考えられます。

147

２．メタバースの土地を譲渡した場合の所得区分

　上記１．及びメタバース内の土地をメタバース上の利用規約に基づく一種の利用権と整理した場合、メタバース内の土地がNFTのように唯一無二の権利であることを前提とすると、その売却により得られた所得については、NFTを譲渡した場合と同様に、（総合）譲渡所得、事業所得又は雑所得のいずれかに区分されると考えられます（Q41参照）。

３．メタバースの土地を貸し付けた場合の所得区分

　不動産の貸付けによる所得は不動産所得になる旨規定されていますが（所法26）、不動産所得の条文に規定される「不動産」は、土地及びその定着物をいうもの（民法86①）と解されています。上記の通り、民法上の土地は有体物であるとされることから、メタバース内の土地といった有体物でない土地は不動産所得の「不動産」には該当しないと考えられます。

　ここでメタバース内の土地をメタバース上の利用規約に基づく一種の利用権と整理した場合、採石権、鉱業権といった権利の貸付けによる所得が雑所得に該当するものとして例示（所基通35-2（5））されていることからすると、メタバース内の土地の貸付けをした場合の所得区分も、権利の貸付けとして原則として雑所得（事業性が認められれば事業所得）に区分されるのではないかと考えられます。

４．メタバースの土地の償却

　メタバース内の土地については、減価償却資産の範囲について規定する所得税法施行令第６条に該当する条文が見当たらないことから、減価償却資産には該当しないと考えられますが、繰延資産として、「資産を賃借し又は使用するために支出する権利金」や「役務の提供を受けるために支出する権利金」で「支出の効果がその支出の日以後１年以上に及ぶもの」に該当するのであれば、支出の効果が及ぶ期間で償却すること

も考えられます（所法２①二十、所令７①三ロ及びハ、所令137①二）。

コラム　**デジタル財産（暗号資産やメタバース内の土地など）に所有権は認められるか？**

　民法上、権利の客体となりうるものを「物」といい、「物」は「動産」と「不動産」に分類されます（民法86）。

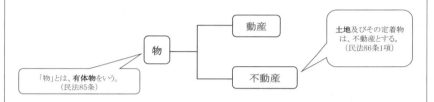

　「不動産」は、土地とその定着物のことをいいますが（民法86①）、動産にしろ不動産にしろ民法上の「物」は有体物であると規定されています（民法85）。

　有体物とは、五感に触れることができるもので法律上の排他的支配が可能なものをいいますが、デジタル財産（暗号資産やメタバース上の土地など）については、有体物ではないことから、民法上、所有権は認められないと考えられます。

　なお、暗号資産の一つであるビットコインについて有体物ではないと判示した裁判例があります（東京地裁平成27年８月５日判決・平成26年（ワ）第33320号）。

53　メタバース内の土地の譲渡や貸付けをした場合の消費税 消費税

Q メタバース内の土地の譲渡や貸付けは、消費税法上の課税取引に該当しますか？

A メタバース内の土地の譲渡や貸付けは、消費税法上の課税取引に該当すると考えられます。

解説

1．非課税取引

　消費税法上、土地の譲渡及び貸付けは非課税取引に該当するとされています（消法6①、別表第1一）。同法には「土地」の定義はありませんが、私法上におけると同じ概念を用いている場合には、別意に解すべきことが租税法規の明文又はその趣旨から明らかな場合は別として、それを私法上におけるのと同じ意義に解するのが、法的安定性の見地からは好ましいとされていることから、条文中の「土地」は民法上の「土地」と解すべきと考えられます。

　メタバース内の土地は有体物でない土地と考えられますが、民法上の「土地」は有体物であるとされることから、消費税の非課税取引の対象となる「土地」には該当しないと考えられます（149頁コラム）。

2．免税取引

　メタバース内の土地をメタバース上の利用規約に基づく一種の利用権と整理した場合、非居住者に対するメタバース内の土地の譲渡や貸付けは、著作権等の譲渡又は貸付けに該当するものとして、輸出免税等の適用を受けるための一定の書類を保存した場合には輸出免税等に該当する

こともあるものと考えられます（消法7①五・②、消令6①七、17②六、消規5①四ホ）（Q45. 2. 参照）。

3. 課税取引

　課税取引とは、①国内取引であること、②事業者が事業として行うものであること、③対価を得て行うものであること、④資産の譲渡、資産の貸付け又は役務の提供であることの四つの要件を満たす取引です（消法2①八、4①）。

　メタバース内の土地をメタバース上の利用規約に基づく一種の利用権と整理した場合、メタバース内の土地の譲渡や貸付けは課税取引になると考えられます。

　なお、内外判定については、所在していた場所が明らかでない資産の譲渡や貸付けは、譲渡又は貸付けを行う者の当該譲渡又は貸付けに係る事務所等の所在地で判定するとされており（消法4③一、消令6①十）、メタバース内の土地の譲渡や貸付けはこの基準で行うことになると考えられます（Q45. 4. 参照）。

54　メタバース内の土地を贈与された場合の贈与税の申告 贈与税・相続税

> **Q** 知人からメタバース内の土地をもらいました。この場合に、贈与税の申告は必要でしょうか？

> **A** 贈与を受けたメタバース内の土地が金銭に見積もることができる経済的価値を有する場合、他の財産の取得と合わせ110万円を超えるときには贈与税の申告が必要になります。なお、贈与をした方については、受贈者が個人か法人か、メタバース内の土地の保有目的に応じ、所得税の課税関係が生じるケースがあります。

解説

１．贈与を受けた人の税務上の取扱い
（１）メタバース内の土地とは？

　メタバースによっては、メタバース内の特定の区画を売買できるものがあります。THE SANDBOXやDecentralandのLANDなどが代表例です。これらは以下のような特徴を有しています。
・メタバース空間内の座標データに固有のIDを持つトークンを紐づけたもので、ブロックチェーンの記録上にのみ存在する。
・メタバース空間内の土地を所有することにより、その土地の上にゲームなどのコンテンツを作成することができる。
・メタバースのサービスが終了となった時にメタバース空間内の土地がどのようになるのかは、規約に記載がなくその取扱いは不明。

　メタバース内の土地は「土地」と比喩されているものの、民法上の不動産（民法86①）には該当せず、また有体物ではないため所有権の対象

にもなりません（民法85）。したがって、その内容は、メタバース内の特定の区画を単独で利用する一種の利用権と考えられます（Q52参照）。

（2）メタバース内の土地は贈与税の課税対象となる財産か否か

　メタバース内の土地の贈与とは、メタバース空間内の座標データに紐づけられた固有のIDを持つトークンを、現所有者の管理するアドレスから、受贈者が管理するアドレスに送信することをいいます。これに伴い、メタバース内の特定の区画を単独で利用する利用権も受贈者に移転すると考えられます。

　個人が贈与で取得した一定の財産については、贈与税が課税されます（相法2の2）。この一定の財産とは、金銭に見積もることができる経済的価値を有するすべてのものをいいます（相基通11の2-1）。したがって、贈与されたメタバース内の土地が金銭に見積もることのできる経済的価値を有する資産に該当するものであれば、贈与税の対象となります。

（3）メタバース内の土地の評価

ア　評価の概要

　メタバース内の土地の評価方法は、相続税法及び財産評価基本通達に定められていません。このため、財産評価基本通達5（評価方法の定めのない財産の評価）に基づいて、財産評価基本通達に定める評価方法に準じて評価することになります。この場合、売買実例価額・精通者意見価格等を参酌してその評価額を定めることになると考えられます。

　売買実例価額について、メタバース内の土地が売買されているNFTマーケットプレイスによっては過去の売買実例価額を参照できるところもあるため、相続開始時近辺の売買実例価額を参照しこれを基に評価することが合理的であると考えられます。

イ　転売に係るロイヤリティの控除

　メタバース内で所有していた土地によっては、転売時に売主が転売に係るロイヤリティを支払う必要があるものもあります。この場合、土壌汚染地・埋蔵文化財包蔵地の評価を参考に、その評価上、転売に係るロ

イヤリティを控除できるものと考えられます。

　転売に係るロイヤリティの有無について、メタバース内の土地の売買を行うNFTマーケットプレイスを参照することにより、転売時のロイヤリティの有無や割合を調べることができる場合もあります。

（4）贈与税申告の要否

　上記のとおり、メタバース内の土地の贈与が行われた場合において、そのメタバース内の土地が金銭に見積もることのできる経済的価値を有する資産に該当するものであるときには贈与税の課税対象になります。またその評価は、売買実例価額、精通者意見価格等を参酌して行うと考えられます。この評価額と、他に贈与を受けた一暦年中の財産の金額の合計額が110万円を超える場合には贈与税の申告が必要になります。

２．贈与をした人の税務上の取扱い

（1）贈与をしたメタバース内の土地が譲渡所得の基因となる資産に該当する場合

　個人的な趣味でメタバース内の土地（1個の価額が30万円超のものに限ります）を所有していた場合など、贈与をしたメタバース内の土地が譲渡所得の基因となる資産に該当する場合において、受贈者が個人のときには受贈者の贈与税の対象にはなるものの、贈与者の所得税の課税関係は生じません。しかし、受贈者が法人の場合には、贈与時の時価に相当する金額でメタバース内の土地を譲渡したものとみなされ、譲渡所得の計算が必要となります（所法59①一）。

　また、メタバース内の土地を譲渡しても、譲渡所得として計算する場合は、分離課税の対象とはならず総合課税の譲渡所得として計算することになります（Q52．2参照）。

（2）贈与をしたメタバース内の土地が棚卸資産に該当する場合

　販売目的で所有している場合などメタバース内の土地が棚卸資産に該当する場合において、この土地を贈与したときには、受贈者が個人・法

人を問わず、贈与時の棚卸資産であるメタバース内の土地の時価に相当する金額を、事業所得又は雑所得の総収入金額に算入する必要があります（所法40①一）。

　なお、メタバース内の土地は、資金決済法第２条第５項各号に定める暗号資産には該当しないと考えられます（令和元年９月３日付 金融庁パブリックコメント）。このため、暗号資産としての棚卸資産に準ずる資産には該当しないことになります（所令87）。

55　メタバース内で購入した土地やアイテムは相続税の対象となり得るか　贈与税・相続税

> **Q** 亡くなった父（日本に居住）が、生前にメタバース内で購入した土地やアイテムは、相続税の対象となる相続財産になるのでしょうか？

> **A** メタバース内で購入した土地やアイテムは、相続税法でいうところの「財産」に該当します。なお、メタバース内で購入した土地やアイテムが相続税の対象となる課税財産に含まれるか否かは、相続人・受遺者の方々の納税義務者区分、亡くなったお父様の住所により判定する財産の所在を基に判断することとなります。また、メタバース内で購入した土地やアイテムの遺贈が行われた場合には、亡くなったお父様の所有目的、受遺者が個人か法人か、相続人か否かによって所得税の課税関係が発生することもあるので注意が必要です。

解説

1．メタバース内で購入した土地やアイテムは、相続税の課税対象となる財産か否か

（1）メタバース内で購入した土地やアイテムの性格

　メタバース内の土地は、メタバース空間内の座標データに固有のIDを持つトークンが結び付けられたものが多いようです（Q54参照）。また、メタバース内のアイテムについても、アイテムの画像データや3Dデータに固有のIDを持つトークンが結び付けられたものが多いようです。メタバース内のショップやNFTマーケットプレイスではこれらのメタバース内の土地やアイテムが販売されています。

（2）メタバース内で購入した土地やアイテムは、相続税の課税対象となる財産か否か

　相続税法第2条では個人が取得した一定の財産について、相続税が課税される旨が示されています。この一定の財産とは、金銭に見積もることができる経済的価値を有するすべてのものをいうとされています（相基通11の2-1）。

　金銭に見積もることのできる経済的価値のあるメタバース内の土地やアイテムであれば、相続税の課税対象となります。金銭に見積もることのできる経済的価値を有するものの具体例としては、メタバース内のショップやNFTマーケットプレイスで実際に売買されているこれらの土地やアイテムが挙げられます。

2．相続税の納税義務者区分と課税財産の範囲
（1）相続税の納税義務者区分と課税財産の範囲

　相続税は、被相続人、相続人・受遺者が国内に住所を有していたか否かなどによる相続人・受遺者の納税義務者区分により課税される財産の範囲が異なります。納税義務者区分は、被相続人と相続人・受遺者の住所、国籍、過去10年以内の住所の状況、在留資格などを基に判断します（Q34.1.（1）図参照）。

　相続税の納税義務者区分が、居住無制限納税義務者及び非居住無制限納税義務者となる者は、取得財産の全部について相続税が課されます。これに対し、居住制限納税義務者及び非居住制限納税義務者となる者は、その取得財産のうち相続税法の施行地に所在するもののみに相続税が課されます。相続人・受遺者に制限納税義務者が含まれる場合、課税財産の範囲を確定させるためには、取得した財産の所在を併せて確認する必要があります。

（2）財産の所在

　メタバース内の土地やアイテムが国内又は国外にあるかの所在は、被相続人の住所の所在により判断します（相法10③）。

（3）まとめ

　このように、メタバース内で購入した土地やアイテムは相続税の対象となる財産に該当し、課税財産の範囲に含まれるか否かは納税義務者区分及び財産の所在を基に判断します。表にまとめると、次のようになります。

財産の所在 ＼ 相続人・受遺者の納税義務者区分	無制限納税義務者※ （日本国内に住所有り等）	制限納税義務者※ （日本国内に住所無し等）
日本国内	相続税の対象となる	
日本国外		相続税の対象とならない

※納税義務者区分については、Q34．1（1）図を参照

3．本件の取扱い

　本設例におけるメタバース内で購入した土地・アイテムは、上記1．（1）～（2）より相続税法でいうところの財産に該当します。また、上記2．（1）～（3）より、お父様は日本国内に居住し、住所を有していたと認められるため、あなたの相続税の納税義務者区分は無制限納税義務者に該当します。なお、お父様は日本国内に住所を有していたと認められることから、メタバース内の土地・アイテムは日本国内に所在する財産となり、ご質問のメタバース内の土地・アイテムは相続税の対象となる課税財産となります。

4．メタバース内で購入した土地やアイテムを遺贈している場合

（1）メタバース内で購入した土地やアイテムが譲渡所得の基因となる資産に該当する場合

　お父様が個人的な趣味で収集していた場合など、メタバース内の土地・アイテム（1個の価額が30万円超のものに限ります。）が譲渡所得の基因となる資産に該当する場合において、個人の方が相続又は遺贈によりこのメタバース内の土地・アイテムを取得したときには、お父様の相続税の対象となるものの、所得税の課税関係は生じません。

　なお、メタバース内の土地・アイテムを法人に遺贈している場合には、相続開始時の時価に相当する金額で譲渡したものとみなして、お父様の譲渡所得を計算する必要があります（所法59①一）。また、メタバース内の土地については、譲渡所得として計算する場合は、分離課税の対象とはならず総合課税の譲渡所得として計算することになります（Q52.2参照）。

（2）メタバース内で購入した土地やアイテムが棚卸資産に該当する場合

　お父様が、メタバース内で購入した土地・アイテムを販売目的で所有していた場合など、これらの土地・アイテムが棚卸資産に該当する場合において、これらの土地・アイテムが相続人以外の方や法人に特定遺贈されたときには、個人への遺贈は相続税の対象となり、また、その相続開始時の時価をお父様の事業所得又は雑所得の総収入金額に算入する必要があります（所法2①十六、所法40①一）。

56　メタバース内で所有していた資産の財産評価 　贈与税・相続税

> **Q** 亡くなった父がメタバース内で所有していた土地やアイテムなどの資産について、相続税・贈与税を計算する際の財産の評価はどのように行いますか？

> **A** メタバース内で所有していた土地やアイテムなどの財産の評価は、売買実例価額・精通者意見価格等を参酌して評価すると考えられます。なお、転売に係るロイヤリティが発生するものについては、財産評価上、そのロイヤリティを控除できると考えられます。

解説

1．メタバース内で所有していた土地やアイテムなどの資産の評価の基本的考え方

　メタバース内の土地やアイテムは、メタバース空間内の座標データや3Dデータ等に固有のIDを持つトークンが結び付けられたものであり、その評価方法は、相続税法及び財産評価基本通達に定められていません。このため、財産評価基本通達5（評価方法の定めのない財産の評価）に基づいて、同通達に定める評価方法に準じて評価することになります。

　この場合、売買実例価額・精通者意見価格等を参酌して評価すると考えられます。

　メタバース内の土地やアイテムの売買実例価額について、その売買が行われるメタバース内のショップやNFTマーケットプレイスによっては、売買金額を含めた売買履歴を見ることができるところもあります。また、課税時期に同一のアイテムがメタバース内のショップやNFTマ

ーケットプレイスに出品されていればその価格を参照することもできます。実務上、このようなデータを基に、その価額を決定することも合理的な方法として考えられます。

２．転売に係るロイヤリティの控除

　メタバース内で所有していた土地やアイテムによっては、転売時に売主が転売に係るロイヤリティを支払う必要があるものもあります。この場合、土壌汚染地・埋蔵文化財包蔵地の評価を参考に、これらの財産の評価上そのロイヤリティを控除できるものと考えられます。

　転売に係るロイヤリティの有無について、メタバース内の土地やアイテムの売買を行うNFTマーケットプレイスを参照することにより、転売時のロイヤリティの有無や割合を調べることができる場合もあります。

３．著作権等の権利

　メタバース内の土地やアイテムの多くはメタバース空間内の座標データや3Dデータ等に固有のIDを持つトークンが結び付けられています。このようなメタバース内の土地やアイテムを購入しても、これらに紐づけられたコンテンツの著作権、肖像権、パブリシティ権、商標権等の権利が移転するのではなく、利用許諾契約等に基づいた利用権が付与されることが多いようです（三菱UFJリサーチ＆コンサルティング「NFTの動向整理」2022年6月23日）。

　しかし、著作権等の権利を含む内容でメタバース内のアイテム等の譲渡契約が行われた場合において、その著作権等の額が区分されているときは、その契約内容に応じて別途、著作権等の評価方法（評基通148ほか）により評価すると考えられます。

４．邦貨換算

　メタバース内のショップや、メタバース内の土地やアイテムの売買が

行われるNFTマーケットプレイスでは、その価格はメタバース内で使用される暗号資産やETH、米ドルで表示されることが多いようです。この場合、財産評価基本通達4-3（邦貨換算）に基づき、納税義務者の取引金融機関が公表する課税時期における対顧客直物電信買相場（TTB）により換算を行います。

　例えば、メタバース内のアイテムの相続税評価額が5,000米ドル、相続開始日の米ドル/日本円の対顧客直物電信買相場（TTB）＝145.00の場合、5,000米ドル×145.00＝725,000円という計算を行います。

V

DeFi

57　DeFiとは 基本

Q｜DeFiとは何でしょうか？

A｜DeFiとはスマートコントラクトを活用して構築・運用される暗号資産の金融サービスをいいます。

解説

1．DeFiの概要

　DeFiとは、Decentralized Financeの略で、分散型の金融システムと訳されています。その内容は、スマートコントラクト（ブロックチェーン上のコンピュータープログラムで、事前に定義した契約内容を満たした場合に、自動的に契約内容が実行処理される仕組み、Q7参照）を活用して構築・運用される暗号資産の金融サービスをいいます。

　DeFiの多くは、ブロックチェーン上にそのプログラムや取引内容を記録しています。ブロックチェーン上にプログラムや取引内容を記録することにより、その取引内容やプログラム自体を変更することは事実上不可能となり、コンピュータープログラムに事前に定義した要件を満たせば特定の結果を出力することが保証されています。DeFiはこの特性を金融サービスに活用しています。

2．DeFiの例

　DeFiの具体例としては、暗号資産の貸借サービス、暗号資産を別の種類の暗号資産に交換するサービス、保険、予測市場、DeFi製品のポートフォリオ管理などがあります。詳細は、Q58で解説します。

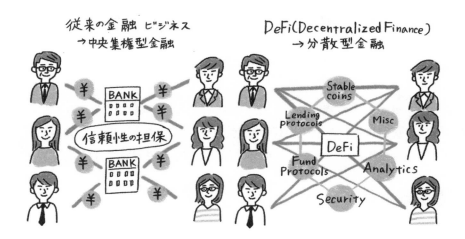

3．DeFiの税務上の取扱い

　従来の金融システムは銀行・証券会社などが自社で店舗網やシステムを構築し、利用者はその組織やシステムを信用して、例えば預金の預け入れや有価証券の売買などの経済活動を行っていました。また、これらの経済活動は法定通貨が媒介し、この法定通貨は国と中央銀行が発行権を独占し、管理してきました。このように、従来の金融システムは、特定の管理者や仲介者が存在しており、従来の金融・証券税制も、特定の管理者や仲介者が存在することを前提にその制度が作られています。

　しかし、DeFiの場合、存在するのはブロックチェーン上のコンピューターブログラムやDAO（Q64参照）のみで、特定の管理者や仲介者が存在しないことも少なくありません。このため、DeFiに従来の金融・証券税制をそのまま当てはめることができないケースが想定されます。DeFiの税務上の取扱いについては法令等の規定はなく、またその取扱い通達等も示されていません。したがって、DeFiの個々のコンピューターブログラムがどのような取引を行っているかを確認し、この内容を基に税務上の取扱いを考えていくこととなります。

58　DeFiのサービスの種類 　基本

> **Q** | DeFiにはどのようなサービスがありますか？

> **A** | 暗号資産の貸借サービス・暗号資産を別の種類の暗号資産に交換するサービス・保険など、DeFiには様々なサービスがあり今後もそのサービスの種類は増えていくものと思われます。

解説

１．DeFiのサービスの種類

　DeFiには様々なサービスがあり、今後も新たなサービスが作られていくと考えられています。2022年９月現在の主なDeFiのサービスカテゴリーとしては次のようなものがあります。

（１）レンディング（暗号資産の貸借サービス）

　レンディングとは、自身が所有する暗号資産を貸し出し利息を得る、又は利息を支払うことにより暗号資産を借り入れることができるサービスです。

（２）DEX（暗号資産を別の種類の暗号資産に交換するサービス）

　DEXとは、例えば、自身が所有するETHをDAIに交換するなど、暗号資産を別の種類の暗号資産に交換するサービスです。

（３）保険

　DeFiには、特定のスマートコントラクト（Ｑ７参照）のバグによる損害に対して適用される保険があります。将来的には、生命保険や自動車保険などの様々な保険をDeFiにより開発することができるとされています。

（４）その他

　その他DeFiのサービスとして、予測市場・DeFi製品のポートフォリオ管理・送金サービス・クラウドファンディングなどがあります。

2．DeFiの各サービスの規模

#	NAME ↑↓	CHAIN	SECTOR	TVL (USD) ↑↓	1 DAY % ↑↓
1 🏆 Ⓜ	MakerDAO	Ethereum	Lending	$7.36B	-0.01%
2 🥈 Ⓐ	Aave	Ethereum	Lending	$4.24B	-0.02%
3 🥈 🌊	Curve	Ethereum	DEXes	$4.15B	+0.03%
4 🦄	Uniswap	Ethereum	DEXes	$3.64B	+0.00%
5 ⚫	Compound	Ethereum	Lending	$2.05B	+0.01%
6 🔵	InstaDApp	Ethereum	Lending	$1.28B	-0.02%
7 🔵	Liquity	Ethereum	Lending	$689.5M	-0.03%
8 ⚫	Balancer	Ethereum	DEXes	$508.1M	+0.07%
9 ⚫	dYdX	Ethereum	Derivatives	$470.3M	-0.01%
10 🍣	SushiSwap	Ethereum	DEXes	$322.0M	+0.01%

出典：https://www.defipulse.com/?time=All

　上記の表は、DeFi Pulseという各DeFiサービスごとの預り資産をリアルタイムで表示しているサイトの表です。こちらの「SECTOR」に示されているように、2022年9月時点で預り資産の大きいDeFiサービスはレンディングとDEXが占めています。

　本書では、レンディングの代表的なサービスであるCompoundについてQ59で、DEXの代表的なサービスであるUniswapについてQ60で解説していきます。

59　Compoundのサービス概要 〔レンディング・基本〕

| Q | Compoundとはどのようなサービスですか。また、それを利用する場合、税務上考慮すべき点は何でしょうか？ |

| A | Compoundとは、暗号資産の貸借を行うサービスです。 |

Compoundを利用する場合、税務上、考慮すべき点は、次の3点です。

①暗号資産を貸し出した場合、暗号資産を貸し出したことを証明するためのcTokenが交付されます。このcTokenは、暗号資産取引所で他の暗号資産と交換することが可能です。このcTokenを他の暗号資産と交換した場合、貸し出した暗号資産の返却を受ける権利も一緒に譲渡したことになります。

②暗号資産を貸し出した場合、借り入れた場合双方で利息が発生します。

③暗号資産を貸し出した場合、借り入れた場合双方で、COMPトークンが付与されます。このCOMPトークンも暗号資産取引所で売買することができます。

解説

1．Compoundの概要

　Compoundとは、レンディングプラットフォームの一つです。レンディングプラットフォームとは、一定のプログラムに基づいて暗号資産の貸借を行うサービスを提供するプラットフォームのことをいいます。

　通常の融資の場合、銀行などの金融機関に融資の打診を行い必要書類を提出、面談・融資の審査を経て融資が実行されます。しかし、レンディングサービスでは、このような資金の貸借を行う仲介者はなく、ブロッ

クチェーン上のプログラムが自動的に暗号資産の貸借を行っています。

　暗号資産の貸し手の立場から見た場合、仲介者のコストがなく高い貸出利息を得ることができます。また、暗号資産の借り手の立場から見た場合、必要な量の暗号資産の担保を用意すれば即座に暗号資産の貸出を受けることができる等のメリットがあります。

　Compoundはイーサリアム上で展開されており、そのプログラムや取引履歴はイーサリアムのブロックチェーン上に記録されています。このため、プログラムや取引履歴等の改ざんを行うことが事実上不可能となっています。

２．Compoundでの取引の流れ

（１）暗号資産の貸し手

　暗号資産を貸し出す場合、MetaMaskなどのウォレット（Q10参照）をCompoundに接続します。自身が所有する暗号資産をCompoundに預

け入れれば、暗号資産の貸出が完了します。この際、暗号資産を貸し出したことを証明するためのトークン（cToken）が交付されます。例えば、ETHを貸し出した場合、cETHがCompoundから交付されます。

　cTokenは「元本と金利」を表しています。時の経過とともにcTokenの価値を上昇させることで、金利を表現します。

　cTokenをCompoundに返却すれば、貸し出した暗号資産が返却され、貸し出し期間に応じた金利を受けることができます。

　cTokenは、後述のUniswapなどの暗号資産取引所で別の種類の暗号資産に換えることもできます。この場合、Compoundで貸し出した暗号資産の返却とそれまでの間に発生した利息を受ける権利も一緒に譲渡したことになります。

（2）暗号資産の借り手

　暗号資産の借入を行う場合、MetaMaskなどのウォレットをCompoundに接続し、自身が所有する暗号資産をCompoundに担保として預け入れます。その後、借り入れる暗号資産の種類と金額を入力すれば暗号資産の借入が完了します。また、暗号資産を借りた場合には、借り入れる暗号資産の種類に応じた利息を支払うことになります。

（3）COMPトークンの付与

　Compoundにて暗号資産の貸借を行うと、COMPトークンが付与されます。このCOMPトークンは、本来はCompoundの運営に参加するためのトークン（ガバナンストークン（Q64．2参照））ですが、暗号資産取引所によってはCOMPトークンを売却したり、他の暗号資産と交換することもできます。

３．Compoundについて考えられる課税関係

　Compoundについては次に掲げるケースなどで、所得税、法人税、相続税等の課税関係が生じることが考えられます。

・Compoundで暗号資産の貸出を行い、利息とCOMPトークンを得た。

・Compoundで暗号資産の貸出を行っている最中に、相続が開始した。

・Compoundで暗号資産の借入を行い、利息を支払うとともに
　COMPトークンを得た。

・Compoundで暗号資産の借入を行っている最中に、相続が開始した。

・cTokenを別の暗号資産に交換した。

・cTokenを贈与した。

　本書ではこのうち、暗号資産の貸出を行って利息等を得たケース（Q
61参照）と、暗号資産の貸出中に相続が開始した場合（Q62参照）につ
いて確認していきます。

60　Uniswapのサービス概要 DEX・基本

Q Uniswapとはどのようなサービスですか。また、それを利用する場合、税務上考慮すべき点は何でしょうか？

A Uniswapとは、暗号資産を異なる種類の暗号資産に交換するサービスです。また、それを利用する場合、税務上、考慮すべき点は次の４点です。

①Uniswapで暗号資産を別の種類の暗号資産に交換することができます。暗号資産の交換を行った場合、暗号資産を譲渡したことになり所得金額を計算する必要があります。

②Uniswapに交換用の暗号資産ペアーを提供することができます。暗号資産ペアーを提供している間、ペアー提供の対価としての手数料を受け取ることができます。

③Uniswapに暗号資産ペアーを提供した場合、暗号資産ペアー提供の証明としてLPトークンが交付されます。LPトークンをUniswapに返却することにより提供した暗号資産ペアーは返却されますが、暗号資産の価格の変動により返却される暗号資産ペアーの数量は、提供前の暗号資産ペアーの数量と異なります。このペアーを組む暗号資産の得喪について、所得を認識する必要があると考えられます。

④Uniswapを利用していた、Uniswapに流動性を提供していたなどの理由により、UNIトークンが無償配布されることがあります。

解説

1．Uniswapの概要

UniswapとはDeFiのDEX（Decentralized Exchange）プラットフォ

ームの一つです（Q58.1（2）参照）。DEXとは、暗号資産の分散型
取引所のことをいいます。

　従来からの暗号資産の取引所は、オーダーブック方式で暗号資産の売
値と買値が合致した価格で、暗号資産の売主と買主をマッチングさせて
取引を行っていました。しかし、Uniswapにおいては、暗号資産のペア
ーのプール（例：ETHとOMGなど。なお、この暗号資産のペアーのプ
ールのことを流動性プールといいます。）が用意されており、自身が所
有する暗号資産を流動性プールに提供し、代わりに流動性プール内の目
的の暗号資産を得ます。交換を行う際の価格は、オーダーブック方式で
はなくプログラムで自動的に計算されます。

　Uniswapも前述のCompoundと同様に、イーサリアム上で展開されて
おり、そのプログラムや取引履歴はイーサリアムのブロックチェーン上
に記録されています。このため、プログラムや取引履歴等の改ざんを行
うことが事実上不可能となっています。

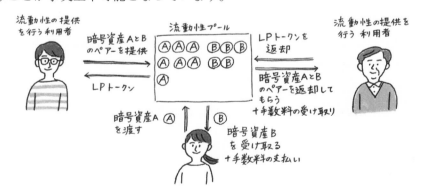

2．Uniswapでの取引
（1）暗号資産を別の種類の暗号資産に交換

　MetaMaskなどのウォレットをUniswapに接続し、交換したい暗号資
産の種類と数量を入力し、Swapボタンを押すと希望の暗号資産に交換
することができます。

（2）Uniswapに流動性を提供する

　自身が所有する暗号資産のペアーを流動性プールに提供することを「流動性を提供する」といいます。流動性を提供した場合、暗号資産ペアー提供の証明としてLPトークン（Liquidity Provider Token）が交付されます。流動性を提供している間、流動性提供の手数料が付与されます。LPトークンをUniswapに返却することにより提供した暗号資産ペアーは返却されますが、暗号資産の価格の変動により、返却される暗号資産ペアーの数量は提供前の暗号資産ペアーの数量と異なります。

（3）UNIトークンの無償交付

　UNIトークンとはUniswapのガバナンストークン（Q64.２参照）です。Uniswapでは、2020年から４年間にわたって10億UNIのガバナンストークンの発行が決定されています。過去には、2020年９月１日時点で何らかの形でUniswapの利用があったアカウントに対し400UNIが無償交付されたほか、2020年９月18日から11月17日までの間に一定の流動性プールに流動性を提供したアカウントに対してもUNIトークンが無償交付されています。なお、UNIトークンは一部の暗号資産取引所で売買することが可能です。

3．Uniswapについて考えられる課税関係

　Uniswapについては次に掲げるケースなどで、所得税、法人税、相続税等の課税関係が生じることが考えられます。

・Uniswapで暗号資産を別の種類の暗号資産に交換した。
・Uniswapで流動性を提供して、手数料を獲得した。
・UniswapでLPトークンを返却して、流動性提供前の暗号資産と異なる数量の暗号資産の返却を受けた。
・Uniswapで流動性を提供している最中に、相続が開始した。
・UniswapからUNIトークンを無償交付された。

　本書ではこのうち、Uniswapで暗号資産を別の種類の暗号資産に交換したケース（Q61参照）と、流動性を提供している最中に相続が開始したケース（Q63参照）について確認していきます。

61 CompoundやUniswapにおける確定申告の要否 　レンディング・DEX・所得税・消費税

> **Q** 個人がCompound でETHを貸して利息をもらいました。また、UniswapでETHをWBTCに換えました。この場合、確定申告は必要でしょうか？

> **A** その取引金額によっては、確定申告が必要となります。

解説 ....

CompoundでETHを貸した取引は暗号資産の貸付け、UniswapでETHをWBTCに換えた取引は暗号資産同士の交換になります。

これらの取引をした場合、所得税、住民税、場合によっては消費税の確定申告が必要になります。

1．所得税・住民税

所得税については、暗号資産同士の交換をした場合、所得が認識されることになります（Q21参照）。よって、給与を1か所からのみ受け、かつ、その給与の全部が源泉徴収の対象となる場合、暗号資産の取引による所得金額の合計額が20万円を超えれば確定申告が必要になります（所法120①、121①一）。所得税について申告した場合は住民税の申告をしたものとみなされますので、改めて住民税の申告をする必要はありません（地方税法45の3、317の3）。

なお、上記の所得税の申告要件に当てはまらない場合であっても住民税については申告が必要になります。

2．消費税

　暗号資産同士の交換は資産の譲渡に該当し（消基通5-2-1（注））、暗号資産の譲渡は消費税の非課税取引に該当しますが、暗号資産の貸付けは消費税の課税取引となります（「暗号資産情報」30参照）。

　原則として年間の課税売上高が1,000万円を超える場合は、その翌々年から消費税の課税事業者となります（消法5①、9①）。この場合、「消費税課税事業者届出書」を所轄の税務署に提出するとともに、翌々年から消費税の申告が必要になります。

62　Compoundで暗号資産を貸し出していた場合の相続税申告 レンディング・相続税

Q 亡くなった父（過去10年超、日本に住所なし）は、Compoundで ETHを貸し出していました。なお、私は日本に長年住所を 有しています。この場合、相続税申告にどのような影響があ るでしょうか？

A CompoundでETHを貸し出していた場合、貸し出したETH はロックされ、代わりにcETHが交付されます。またCompound では取引量に応じCOMPトークンも交付されます。これらの cETHやCOMPトークンは相続税の課税対象となる財産に該 当します。

解説

1．Compoundで暗号資産を貸し出した場合の取引

Compoundで暗号資産を貸し出した場合、貸し出した暗号資産はロッ クされ、暗号資産を貸し出したことを証明するためのトークン（cトー クン）が交付されます。

例えば、ETHを貸し出していた場合には、貸し出したETHはロック され、代わりにcETHがCompoundから交付されます。

また、Compoundでは取引量に応じ、COMPトークンが交付されます。

2．cETH及びCOMPトークンは相続税の課税対象となる財産か 否か

相続税法第2条では個人が取得した一定の財産について、相続税が課 される旨が規定されています。この一定の財産とは、金銭に見積ること

ができる経済的価値のあるすべてのものをいいます（相基通11の2-1）。

　cETHをCompoundに返却すれば、貸し出していた暗号資産の元本と貸出し期間に応じた利息相当額のETHを得ることができます。また、COMPトークンも一部の暗号資産取引所で売買することができます。

　このため、cETH及びCOMPトークンは相続税法でいうところの「財産」に該当します。なお、暗号資産の一種であるETHが相続税の課税対象となる財産に該当するかについては、Q35.1を参照してください。

３．相続税の納税義務者区分と課税財産の範囲

（１）相続税の納税義務者区分と課税財産の範囲

　相続税は、納税義務者区分により課税される財産の範囲が異なります。納税義務者区分は、被相続人と相続人・受遺者の住所、国籍、過去10年以内の住所の状況、在留資格などを基に判断します（Q34.1.（1）図参照）。このうち、居住無制限納税義務者及び非居住無制限納税義務者は、取得財産の全部について相続税が課されます。これに対し、居住制限納税義務者及び非居住制限納税義務者は、その取得財産のうち相続税法の施行地に所在するもののみに相続税が課されます。

　相続人・受遺者に制限納税義務者が含まれる場合、課税財産の範囲を確定させるためには、取得した財産の所在を併せて検討する必要があります。

（２）財産の所在

　cETH及びCOMPトークンの所在は、相続税法第10条第3項により、被相続人の住所の所在により判断します（Q34.1.（2）参照）。

（３）まとめ

　このように、cETH及びCOMPトークンは相続税の対象となる財産に該当し、課税財産の範囲に含まれるか否かは納税義務者区分及び財産の所在を基に判断します。表にまとめると、次のようになります。

	相続人・受遺者の 納税義務者区分 財産の所在	無制限納税義務者※ （日本国内に住所有り等）	制限納税義務者※ （日本国内に住所無し等）
日本国内		相続税の対象となる	
日本国外			相続税の対象とならない

※納税義務者区分については、Q34．1（1）図を参照

4．本件の取扱い

　本件cETH及びCOMPトークンは、上記2．より相続税法でいうところの財産に該当します。また、上記3．（1）～（3）より、お父様は10年を超えて日本国内に住所を有していなかったものの、あなたは日本国内に長年住所を有していたことから、相続税の納税義務者区分は無制限納税義務者に該当します。

　これらのことから、お父様の住所が日本にはなく、また、本件cETH及びCOMPトークンは国外財産に該当するとしても、本件cETH及びCOMPトークンは相続税の対象となる課税財産に含まれます。

5．cETH及びCOMPトークンの評価
（1）cETH及びCOMPトークンの数量の把握

　cETHの数量はMetaMaskなどの一部の対応ウォレットであれば残高を確認することができます。

　本件貸出しに伴い付与されるCOMPトークンについては、CompoundのCOMPトークン残高のうち未申請のものを確認することによりその残高を把握することができます。ただし、COMPトークンは時の経過により付与数量が増加していきます。

　相続人等が取引履歴を遡って相続開始時のCOMP残高を把握することは困難かと思われます。このため、相続開始日に最も近い日で把握したCOMP残高を基に相続財産を算出することも合理的と考えられます。

（2）cETHの評価

　cETHの評価方法について、相続税法及び財産評価基本通達にその取扱いは定められていません。このため、財産評価基本通達5（評価方法の定めのない財産の評価）に基づいて、同通達に定める評価方法に準じて評価することとなります。

　この場合、cETHは、元本のETHに利息相当額が上乗せされたものと解せられています。このため、財産評価基本通達204（貸付金債権の評価）に基づいて評価すると考えられます。

　ただし、cETHは元本に時の経過による利息が上乗せされ続け、その価額は常に変わり続けています。このため、相続人等が取引履歴等を遡って相続開始時点のcETHの価額を把握することは困難かと思われます。CompoundにcETHを返却し、貸し付けていたETHを回収すれば、元本に利息分が上乗せされた数量のETHが返却されます。この、利息分が上乗せされたETHの数量に、相続開始時のETHの価額を乗じることによりcETHの評価を行うことも合理的と考えられます。

（3）COMPトークンの評価

　COMPトークンの評価方法について、相続税法及び財産評価基本通達にその取扱いは定められていません。このため、財産評価基本通達5（評価方法の定めのない財産の評価）に基づいて、同通達に定める評価方法に準じて評価することとなります。

　本書執筆時点において、COMPトークンは活発な市場が存在する暗号資産に該当すると考えられます。このため、（1）で把握したCOMPトークンの残高に、相続人が使用している暗号資産取引所等が公表する相続開始時の取引価格を乗じて評価することが合理的な評価方法であると考えられます。

63　Uniswapを使用していた場合の相続税の申告 DEX・相続税

Q 亡くなった父（過去10年超、日本に住所なし）は、Uniswap を使用していたようです。なお、私は日本に長年住所を有しています。この場合に、相続税の申告にどのような影響があるでしょうか？

A まず、Uniswapで次の取引のどちらを行っていたか確認します。暗号資産の交換のみを行っていた場合は、相続開始時に所有していた暗号資産を相続税申告に計上する必要があります。一方、流動性の提供を行っていた場合には、LPトークンを相続税申告に計上する必要があります。

解説 ....

1．相続税申告に影響を与えるUniswapの取引

　相続税申告に影響を与えるUniswapの取引は、次の二つが考えられます。

（1）暗号資産を別の暗号資産に交換していた場合（例：ETHをOMGに交換していた等）

　この場合、相続税申告においては、相続開始時に所有していた暗号資産を計上するのみで問題ありません。相続税申告を行う際の暗号資産の取扱いについては、Q35〜37を参照してください。

　なお、相続開始年に暗号資産を異なる種類の暗号資産に交換していた場合は注意が必要です。暗号資産の交換を行った時点で交換前の暗号資産を譲渡したと考えるため、お父様の準確定申告においてこの暗号資産の交換を考慮する必要があります。

（2）Uniswapで流動性を提供していた場合（例：ETHとOMGの通貨ペアーをUniswapに提供していた）

　この場合、お父様は、相続開始時においてLPトークンを所有していたことになります。相続税申告においては、このLPトークンについて、①相続税の課税対象となる財産か否か、②LPトークンの評価が問題となります。

２．LPトークンは相続税の課税対象となる財産か否か

　相続税法第2条では個人が取得した一定の財産について、相続税が課される旨が示されています。この一定の財産とは、金銭に見積ることができる経済的価値のあるすべてのものをいうとされています（相基通11の2-1）。

　LPトークンをUniswapに返却した場合、流動性を提供していた暗号資産ペアーが返却されます。このため、LPトークンは相続税法でいうところの「財産」に該当します。

３．相続税の納税義務者区分と課税財産の範囲
（1）相続税の納税義務者区分と課税財産の範囲

　相続税は、納税義務者区分により課税される財産の範囲が異なります。納税義務者区分は、被相続人と相続人・受遺者の住所、国籍、過去10年以内の住所の状況、在留資格などを基に判断します（Q34.1.（1）図参照）。このうち、居住無制限納税義務者及び非居住無制限納税義務者は、取得財産の全部について相続税が課されます。これに対し、居住制限納税義務者及び非居住制限納税義務者は、その取得財産のうち相続税法の施行地に所在するもののみに相続税が課されます。相続人・受遺者に制限納税義務者が含まれる場合、課税財産の範囲を確定させるためには、取得した財産の所在を併せて検討する必要があります。

（2）財産の所在

LPトークンの所在は、被相続人の住所の所在により判断します（相法10③）。

（3）まとめ

このように、LPトークンは相続税の対象となる財産に該当し、課税財産の範囲に含まれるか否かは納税義務者区分及び財産の所在を基に判断します。表にまとめると、次のようになります。

財産の所在　　　相続人・受遺者の　　　　　　　　納税義務者区分	無制限納税義務者※ （日本国内に住所有り等）	制限納税義務者※ （日本国内に住所無し等）
日本国内	相続税の対象となる	
日本国外		相続税の対象とならない

※納税義務者区分については、Q34.1（1）図を参照

4．本件の取扱い

本件LPトークンは、上記2．より相続税法でいうところの財産に該当します。また、上記3.（1）～（3）より、お父様は10年を超えて日本国内に住所を有していなかったものの、あなたは日本国内に長年住所を有していたことから、相続税の納税義務者区分は無制限納税義務者に該当します。

これらのことから、お父様の住所が日本にはなく、また、本件LPトークンは国外財産に該当するものの、本件LPトークンは相続税の対象となる課税財産に含まれます。

5．LPトークンの評価

LPトークンの価額は次の算式により評価します。

$$\frac{\text{流動性プールの総価値}}{\text{LPトークンの流通量}} =$$

$$\frac{(\text{暗号資産Aの流動性プール内数量×暗号資産Aの単価＋暗号資産Bの流動性プール内数量×暗号資産Bの単価})}{\text{LPトークンの流通量}}$$

※暗号資産Ａ・Ｂは、流動性プール内でペアーを組む暗号資産を意味します。

　この算式に含まれる、流動性プール内の暗号資産の数量・暗号資産の単価・LPトークンの流通量は常に変化しています。相続開始時における流動性プール内の暗号資産の数量・暗号資産の単価・LPトークンの流通量を把握するには専門的な知識が必要とされます。

　このため、相続人の方にLPトークンをUniswapに返却してもらい、その際に戻ってきた暗号資産の数量に相続開始時の暗号資産の単価を乗じる方法も合理的な方法として考えられます。ただし、この方法は、LPトークンの正確な時価を表すものではないため、当該方法を採用するリスクのクライアントへの説明も必要になります。

VI

DAO

64　DAOとは 基本

> **Q** DAOとは何でしょうか？

> **A** DAOとは、特定の所有者や管理者が存在せずともスマートコントラクトに組織運営のルールを定め、これに基づいて運営される組織、すなわち分散型自律組織といわれています。

解説 ....

1．DAOの概要

　DAOとは、Decentralized Autonomous Organizationの略で、分散型自律組織と訳されています。

　DAOについて、共通の定義は確立されていませんが、株式会社など従来の組織と根本的に異なっており、特定の所有者や管理者が存在せずともスマートコントラクトに組織運営のルールを定め、これに基づいて運営される組織という点では多くのDAOが共通しているといわれています。

　2022年6月現在、米国を中心として既に8,000を超えるDAOが稼動しているといわれています（2022.6.10コインテレグラフジャパン記事）。

　なお、日本ではDAOに関する法整備は行われておらず、税務上の取扱いについても既存の税制により検討していくこととなります。

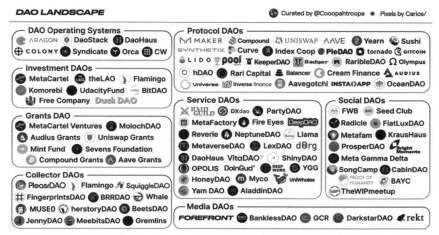

出典：https://coopahtroopa.mirror.xyz/_EDyn4cs9tDoOxNGZLfKL7JjLo5rGkkEfRa_a-6VEWw

2．DAOの特徴

DAOの一般的な特徴としては、次のようなものがあります。

・運営する会社や代表者などが存在せず参加者が自律的に運営を行う組織である。

・組織運営のルールが、スマートコントラクトに定められている。

・ガバナンストークン（保有者に投票の権利を与えるトークン）に紐づく形で一種の議決権（投票権）がトークン保有者に付与される。DAOの意思決定は、議題に対しガバナンストークン保有者が投票を行う形で行われる。

・複数の国に所属する参加者がグローバルに活動する組織もあり、また必ずしも運営主体が明確でないため、DAOが所在する国や地域が特定されないケースがある。

また、税務面においてはDAOは、次の特徴を有します（下線はDAOの課題を示します）。

(1) 法人格の有無	原則無（米国州法に基づき法人格を有するDAOもあり）
(2) 所有と経営の関係	原則一致
(3) 業務執行の決定	原則ガバナンストークン保有者による多数決
(4) 対外的な権利義務関係	コミュニティに帰属させたい
(5) 構成員としての責任	有限責任にしたい
(6) 構成員となるための契約の性格	契約による結合を前提としない
(7) 持分の譲渡・脱退	ガバナンストークンの譲渡は自由
(8) 組織の財産の帰属	コミュニティに所有させたい
(9) 課税方法	構成員課税を検討したい

殿村桂司・近藤正篤・丸太颯人「自立型分散組織（DAO）―その概要、近時の世界的動向と法的課題―」2022年4月No.18を基に作成

3．DAOの税務上の取扱い

　現在日本ではDAOに関する法整備は行われておらず、DAOの税務上の取扱いについては、個々のDAOの組織形態・規約等を確認し、既存の法令及びその取扱いを基に税務上の取扱いを検討していく必要があります。

　本書では、主に次の論点について検討しております。

・DAOへ投資し配当を得た場合の課税関係→Q67
・DAOと相続税の課税関係→Q68〜71

65　DAOの仕組み　基本

> **Q** ｜ DAOの仕組みを教えてください。

> **A** ｜ DAOの仕組みは、個々のDAOにより異なります。本書で事例として挙げているMakerDAOの場合、ステーブルコインDaiを生成するMakerプロトコルを管理する組織としてMakerDAOが存在しています。MakerDAOはMakerプロトコルの主要なパラメータの決定を通してMakerプロトコルを管理しており、そのDAOの意思決定はガバナンストークンであるMKR保有者の投票により行われています。

解説

1．MakerDAO

　DAOの仕組みは個々のDAOにより異なります。このため、本書ではDAOの中でも初期に設立され、現在に至るまで活動を続けているMakerDAOを例に、DAOの仕組みを解説していきます。

（1）Makerプロトコル

　Makerプロトコルとは、ステーブルコインDaiを生成するためのイーサリアム上のプログラムです。Makerプロトコルに担保となる暗号資産（ETHなど）を預け入れることにより、米ドルにソフトペッグされたステーブルコインDaiを生成します（米ドルにソフトペッグされたステーブルコインとは、暗号資産を担保に１米ドル≒１Daiになるように設計・運営されている暗号資産を意味します）。

（2）MakerDAO

　MakerDAOとは、Makerプロトコルの主要なパラメーターを決定することで、Makerプロトコルを管理するDAOをいいます。2022年5月時点、MakerDAOにはドメインチームとコアユニットの二つがあります。それぞれのチーム・ユニットは、MakerDAOと契約した独立した個人によって構成されます。各チーム・ユニットの組成や人選はMKR保有者による投票によって承認されます。

（3）MKR保有者

　MKRとはMakerプロトコルのガバナンストークン（保有者に投票の権利を与えるトークン）であり、その保有者はMakerプロトコルの変更について投票を行うことができます。

２．Maker DAOの特徴

　税務に関する検討を行う際のMakerDAOの特徴としては、次の2点があります。

（1）運営する会社や代表者などが存在しない

　Makerプロトコルはイーサリアム上のプログラムであり、Makerプロトコルを管理するMakerDAOも運営する会社や代表者などが存在しません。また、MKR保有者は従来の株式会社でいうところの株主に近い存在といえなくもありませんが、その運営の主体となる者ではありません。このように、MakerDAOには運営する会社や代表者などが存在しないと考えられ、課税関係を考える際のポイントになります。

（2）ガバナンストークンに経済的価値が認められる

　MakerDAOの意思決定はガバナンストークンであるMKR保有者による投票によって決定されます。ガバナンストークンであるMKRは暗号資産交換業者等で売買することが可能です。DAOから交付されるガバナンストークンに経済的価値が認められることも、課税関係を考える際のポイントになります。

66　DAOの種類 基本

> **Q** DAOにはどのような種類のものがありますか？

> **A** 現在DAOには、（1）プロトコルDAO、（2）投資DAO・コレクターDAOなどの他、様々な種類のDAOが存在しています。

解説

1．DAOの種類

　現在稼働中のDAOの中で、特に主要なものをその種類ごとにまとめたものが下図となります。この中で税務の観点から重要と思われるDAOには、プロトコルDAO（Protocol DAOs）と投資DAO・コレクターDAO（Investment DAOs、Collector DAOs）があります。

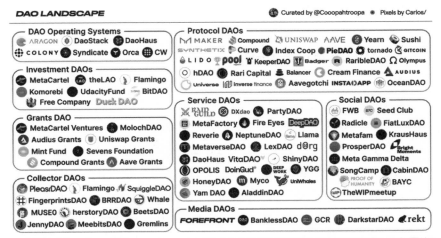

（出典）https://coopahtroopa.mirror.xyz/_EDyn4cs9tDoOxNGZLfKL7JjLo5rGkkEfRa_a-6VEWw

2．プロトコルDAO

　プロトコルDAOとは、主にDeFiのプログラム（プロトコル）の運営を行うためのDAOのことをいいます。例えば、Q65で例示したMakerDAOの場合、ステーブルコインDaiの生成などを行うMakerプロトコルが存在し、これを管理する存在としてMakerDAOが存在します。

　MakerDAOの場合、ガバナンストークンとしてMKRを発行しており、MKRは暗号資産交換業者等での売買が可能になっています。

　このように、主要なプロトコルDAOはガバナンストークンを発行しており、そのトークンは暗号資産交換業者等で売買することが可能です。このため、その得喪・移転に伴い課税関係が生じると考えられます。なお、ガバナンストークンについては、Q64.2をご参照ください。

3．投資DAO・コレクターDAO

　投資DAOとは、特定のプロジェクトに投資し投資からの収益を得ることを目的に運営されるDAOをいいます。また、コレクターDAOはNFTアート等の資産を共同で購入し、所有することを目的とするDAOです。投資DAOの一例としては「The LAO」が、コレクターDAOの一例としては「Flamingo DAO」といったDAOが存在します。The LAOは主に他のDAOへの投資を、Flamingo DAOはNFTアートへの投資・収集・保有を目的とするDAOです。The LAO、Flamingo DAOはいずれも、「ユニット」と呼ばれるものをブロック単位で購入することにより投資を行います。これらのユニットの価格は、The LAOの場合310ETH/ブロック（1ETH＝20万円の場合6,200万円）、Flamingo DAOの場合60ETH/ブロック（1ETH＝20万円の場合1,200万円）と高額です。

これらのユニットの得喪・移転についても課税関係が生じると考えられ
ます。

67　DAOへ投資し、配当を得た場合の課税関係 　所得税・法人税

> **Q** | DAOに投資し配当を得た場合の課税関係について教えてください。

> **A** | DAOの組織形態（法人、権利能力なき社団、民法上の組合、商法上の匿名組合など）により、所得税等の課税関係が異なってきます。

解説

　DAOについては、日本においてその組織形態を定める法令は今のところありません。

　よって、DAOからの利益の配当に対しては、その組織形態に応じて所得税の所得区分（配当所得、不動産所得、事業所得、雑所得など）が異なってきます。

　すなわち、DAOが法人格を有していれば配当所得となるでしょうし、民法組合であればパススルー課税となり、匿名組合であれば原則雑所得となります。

　例えば、米国ワイオミング州ではDAOをLLC（有限責任組合）として法人格を有するものと整理されています。このことからワイオミング州法に基づくDAOについては法人格があるものとすることができるでしょう。

　このように、DAOからの利益の配当が何所得に当たるかを検討するにあたっては、そのDAOの組織形態を確認する必要があります。

　なお、日本においてはDAOの法人化を認める制度が存在せず、日本でDAOを組成する場合、登記の必要がない権利能力なき社団、民法上

の組合、商法上の匿名組合と整理する場合が少なくないのではないかと考えられます。

　そのため、以下では、外国法に基づく法人格を有するDAOに該当しないDAOについて、権利能力なき社団、民法上の組合（任意組合）及び匿名組合と整理した場合のそれぞれの課税関係について検討することとします。

1．権利能力なき社団と整理した場合の課税関係

　権利能力なき社団とは、共同の目的のために結集した人的結合体であって、団体としての組織を備え、そこには多数決の原則が行われ、構成員の変更にかかわらず団体そのものが存続し、その組織によって代表の方法、総会の運営、財産の管理等団体としての主要な点が確定しているものをいうとされています（最高裁昭和39年10月15日第一小法廷判決・民集第18巻8号1671頁）。

　権利能力なき社団においては、権利義務は総有的に構成員全員に帰属し、脱退者には財産の分割請求権が認められないとされています。また、構成員には有限責任性が認められるとされています。

　法人でない社団又は財団で代表者又は管理人の定めのあるものを「人格のない社団等」（法法2八）といい、法人とみなして収益事業を行う場合にのみ課税することになっています（法法4①）。収益事業とは、販売業、製造業その他の事業で継続して事業場を設けて行われるものをいい（法法2十三）、法令においては34事業が収益事業として限定列挙されています（法令5）。

　なお、人格のない社団等における、代表者又は管理人の定めがあるとは、その社団又は財団の定款、寄附行為、規則、規約等によって代表者又は管理人が定められている場合のほか、その社団又は財団の業務に係る契約を締結し、その金銭、物品等を管理するなどの業務を主宰する者が事実上あるものをいい、代表者又は管理人の定めのないものは通常あ

り得ないとされている（法基通1-1-3）ことから、代表者又は管理人の定めのないDAOについては「人格のない社団等」には当たらないこととなります。

2．民法上の組合と整理した場合の課税関係

　民法上の組合（任意組合）とは、複数人が出資をして共同の事業を営むことを約束する契約によって設立された団体のことをいいます（民法667）。

　組合は、法人格を与えられていないことから、契約の当事者となることはできず、「各組合員の出資その他の組合財産は、総組合員の共有に属する」（民法668）こととされています。そのため、組合事業に係る資産及び負債は自己の持分に応じて個々の組合員に帰属することになり、損益の帰属については、契約で損益の分配割合を定めた場合はその分配割合に応じて、組合事業から生じた損益を組合員に帰属させ、契約で分配割合について定めがない場合には各組合員の出資の価額に応じて損益を分配させることになります（民法674）。また、民法上の組合の組合員は組合の債権者に対して無限責任を負います（民法675）。

　税務上、その事業の損益も組合ではなく各組合員に帰属する、いわゆるパススルー課税となります。

　なお、個人の組合員に所得が帰属した場合にどの所得区分に該当するかは、DAOの組合事業の内容に応じて決めることになります（東京地裁平成23年2月4日判決・税資第261号－18順号11608）。

　したがって、不動産賃貸を事業としているDAOが民法上の組合と整理される場合、個人の組合員の所得は不動産所得となります。

　また、個人が組合に出資した際やその出資に含み益が生じた際に課税関係は生じません。

3．匿名組合と整理した場合の課税関係

　商法における匿名組合契約とは、当事者の一方（匿名組合員）が相手方（営業者）の営業のために出資をし、その営業より生ずる利益の分配を約する契約のことをいいます（商法535）。

　匿名組合は、民法上の組合と同様に法人格が与えられていないため、契約の当事者となることはできず、匿名組合事業は法律的には営業者の単独事業となります。匿名組合員の出資は営業者の財産に属し（商法536①）、匿名組合員は何ら持分を有しません。

　また、匿名組合員は、営業者に対して約定所定の出資義務を負い、これに対応する営業利益分配請求権を有する一方、営業者は契約の定めるところに従い、匿名組合員に対してその出資を使用して営業を遂行する権利を有するとともに義務を負うこととなります（商法535）。

　匿名組合契約に基づいて匿名組合員が営業者から受ける利益の分配について、個人として受け取った場合には所得区分は原則として雑所得となりますが、匿名組合員が営業者の営む事業に係る重要な業務執行の決定を行っているなど組合事業を営業者と共に経営していると認められる場合には、当該営業者の行っている事業内容に応じて事業所得又はその他の各種所得になることとされています（所基通36・37共−21）。

　なお、個人が匿名組合に出資した際やその出資に含み益が生じた際に課税関係は生じません。

68　DAOが発行したガバナンストークンは相続税の対象となり得るか　贈与税・相続税

Q 亡くなった父は、DAOが発行したガバナンストークンを所有していました。なお、父も私も長年日本に住所を有しています。このガバナンストークンは、相続税の対象となる相続財産になるのでしょうか？

A ガバナンストークンは、一般的には経済的価値を有すると認められることから相続税法でいうところの「財産」に該当します。なお、ガバナンストークンが相続税の対象となる課税財産に含まれるか否かは、相続人・受遺者の方々の納税義務者区分、亡くなったお父様の住所などにより判断することになります。亡くなったお父様は日本に住所を有していたため、ご質問のガバナンストークンは、相続税の対象となります。

解説

1．ガバナンストークンは相続税の課税対象となる財産か否か

相続税法第2条では個人が取得した一定の財産について、相続税が課税される旨が示されています。この一定の財産とは、金銭に見積もることができる経済的価値のあるすべてのものをいうとされています（相基通11の2-1）。

例えば、Q59で解説したCompoundはCOMP、Q60で解説したUniswapはUNIというガバナンストークン（Q64.2参照）を発行しています。COMPもUNIも暗号資産取引所等で売買することができます。このようにガバナンストークンが経済的価値を有する場合には、相続税法でいうところの「財産」に該当します。Q64.2をご参照ください。

２．相続税の納税義務者区分と課税財産の範囲

（１）相続税の納税義務者区分と課税財産の範囲

　相続税は、納税義務者区分により課税される財産の範囲が異なります。納税義務者区分は、被相続人と相続人・受遺者の住所、国籍、過去10年以内の住所の状況、在留資格などを基に判断します（Q34.1.（1）図参照）。このうち、居住無制限納税義務者及び非居住無制限納税義務者は、取得財産の全部について相続税が課されます。これに対し、居住制限納税義務者及び非居住制限納税義務者は、その取得財産のうち相続税法の施行地に所在するもののみに相続税が課されます。相続人・受遺者に制限納税義務者が含まれる場合、課税財産の範囲を確定させるため、取得した財産の所在を併せて検討する必要があります。

（２）財産の所在

　財産の所在は、相続税法第10条により判断します。同10条第1項各号では具体的な財産を列挙し、その財産の所在を定めています。

　ガバナンストークンは、相続税法第10条第1項各号に掲げる財産のいずれにも該当しません。よって、被相続人の住所の所在により判断することとなります（相法10③）。

（３）まとめ

　このように、ガバナンストークンは相続税の対象となる財産に該当し、課税財産の範囲に含まれるか否かは納税義務者区分及び財産の所在を基に判断します。表にまとめると、次のようになります。

財産の所在 ＼ 相続人・受遺者の納税義務者区分	無制限納税義務者※ （日本国内に住所有り等）	制限納税義務者※ （日本国内に住所無し等）
日本国内	相続税の対象となる	
日本国外		相続税の対象とならない

※納税義務者区分については、Q34.1（1）図を参照

3．本件の取扱い

　ご質問のガバナンストークンは上記1.より相続税法でいうところの財産に該当します。また、上記2.（1）～（3）より、お父様は日本国内に住所を有していたため、あなたの相続税の納税義務者区分は無制限納税義務者に該当します。この場合、ご質問のガバナンストークンはお父様の住所地に所在する国内財産に該当するか否かに関わらず、相続税の対象となる課税財産となります。

4．ガバナンストークンを遺贈された場合

　ガバナンストークンは、DAOの組織内で発行され使用できるトークンの種類の一つといわれています。また、ガバナンストークンの中には前述のMKRやCOMP・UNIなどのように不特定の人を相手にETHなどの暗号資産と交換できるものがあります。このようなガバナンストークンは、資金決済法第2条第5項第2号に定める暗号資産に該当します。この場合、ガバナンストークンは棚卸資産に準ずる資産に該当します（所令87）。

　ガバナンストークンの個人への遺贈は、受遺者の相続税の対象となります。

　また、相続人以外の個人又は法人にガバナンストークンを特定遺贈した場合には、相続開始時のガバナンストークンの時価を、被相続人の雑所得の総収入金額に算入する必要があります（所法40①一、所令87）。この場合、被相続人の所得金額によっては準確定申告が必要となります（所法124①、125①）。

【参考】

　所得税法第59条（贈与等の場合の譲渡所得等の特例）では、譲渡所得の基因となる資産を法人に遺贈した場合には、その時における時価をもって資産の譲渡があったものとすることとされていますが、ガバナンス

　トークンは資金決済法第2条第5項第2号に定める暗号資産に該当し、譲渡所得の基因となる資産とはならないことから、本条文の適用はないものと考えられます（第208回国会　参議院　内閣参質208第34号5）。

69　DAOが発行したガバナンストークンの財産評価 贈与税・相続税

> **Q** 相続税や贈与税の計算を行う際、DAOが発行したガバナンストークンはどのように評価するのでしょうか？

> **A** 活発な市場が存在するガバナンストークンについては、相続人等が取引を行っている暗号資産交換業者等が公表する課税時期の取引価格によって評価します。活発な市場が存在しないガバナンストークンについては、売買実例価額・精通者意見価格等を参酌して評価します。

解説

1．評価の基本的考え方

　ガバナンストークンは、DAOの組織内で発行され使用できるトークンの種類の一つといわれています。

　ガバナンストークンの評価方法については、相続税法及び財産評価基本通達での取扱いが示されておらず「暗号資産情報」で示された評価方法により評価することとなります。

　具体的には、活発な市場が存在するガバナンストークンと、活発な市場が存在しないガバナンストークンに分けてその評価を行うと考えられます。

2．活発な市場が存在するガバナンストークンの評価

　ガバナンストークンのうち、活発な市場が存在するものについては、活発な取引が行われることによって客観的な交換価値が明らかとなっていることから、外国通貨に準じて、相続人等の納税義務者が取引を行っ

ている暗号資産交換業者等が公表する課税時期における取引価格によって評価します。

　この場合の、「活発な市場が存在する」場合とは、暗号資産取引所等において十分な数量及び頻度で取引が行われており、継続的に価格情報が提供されている場合をいいます。また、この取引価格については、暗号資産交換業者等が納税義務者の求めに応じて提供する残高証明書に記載された取引価格を用いることもできます（「暗号資産情報」27）。

３．活発な市場が存在しないガバナンストークンの評価

　活発な市場が存在しないガバナンストークンの評価は、客観的な交換価値を示す一定の相場が成立していないため、そのガバナンストークンの内容や性質、取引実態等を勘案し個別に評価します。その評価の方法としては、売買実例価額・精通者意見価格等を参酌して評価する方法が考えられます（「暗号資産情報」27）。

４．残高の確認・邦貨換算
（１）残高の確認

　日本で登録を受けている暗号資産交換業者では、相続開始時の残高証明書を発行する業者もあります。残高証明書の発行を受けられる場合は、残高証明書を基にガバナンストークンの残高を確認します。一方、海外の取引所では、残高証明書の発行を行っていない取引所もあります。このような取引所では、相続開始後に取得したウォレットの残高情報と取引履歴を組み合わせて、相続開始時の残高の確認を行う方法が考えられます。

（２）邦貨換算等

　日本で登録を受けている暗号資産交換業者では、評価時の日本円での評価額を記載した残高証明書を発行する業者もあります。この場合は、邦貨換算は不要です。

　なお、ガバナンストークンの評価額が外貨建てで記載されている場合には、財産評価基本通達4-3（邦貨換算）に基づき、納税義務者の取引金融機関が公表する課税時期における対顧客直物電信買相場（TTB）により換算を行います。

　また、残高証明書にガバナンストークンの数量しか記載されていない場合には、相続人等の納税義務者が取引を行っている暗号資産交換業者等が公表する課税時期における取引価格によって評価し、その取引価格が外貨建てのものしか入手できない場合は、同通達4-3（邦貨換算）に基づき、納税義務者の取引金融機関が公表する課税時期における対顧客直物電信買相場（TTB）により換算を行います。

70　投資DAOへの投資は相続税の対象となり得るか 贈与税・相続税

> **Q** 投資DAOへ投資を行っている場合、この投資は相続税の対象となる相続財産になりますか？

> **A** 投資DAOへの投資が相続税法でいうところの「財産」に該当するか否かは、個々の投資DAOの規約を確認する必要があります。The LAOの場合、その投資（LAOユニット）は相続税の対象となる相続財産に該当すると考えられます。

解説

　経済的価値を有する財産は相続税の対象となる相続財産となります。投資DAOへの投資が、相続税の対象となる相続財産に該当するかは、個々のDAOの組織形態及び規約を確認する必要があります。本書では、2020年４月に発足した、投資DAOの中でも歴史があるThe LAOを題材に検討を行います。

1．The LAO

　The LAOは、米国デラウェア州法に準拠し、米国で組成されたベンチャーキャピタルファンド（メンバーが資本をプールし、プロジェクトに投資し、投資からの収益を得ることを目的としたファンド）です。The LAOは、イーサリアム上のソフトウェアとスマートコントラクトにより管理される、米国デラウェア州のLLC（Limited Liability Company）として組織されています。

　The LAOのメンバーは、「LAOユニット」をブロック単位で購入することにより投資を行います。LAOユニットの金額は310ETH/ブロッ

ク（1ETH=20万円の場合6,200万円）であり、LAOユニットを購入することで、メンバーにThe LAOの議決権と投資からの収益に対する比例配分の権利が与えられます。

　The LAOがスタートアップに投資を行う場合、LAOユニット所有者による投資の可否の投票が行われます。投票の結果、投資が承認された場合、The LAOはスタートアップに対し投資を行います。

2．The LAO への投資は、相続税の課税対象となる財産か否か
（1）The LAO への投資の性質

　The LAOへの投資は、LAOユニットの購入という形で行われます。LAOユニットは、米国証券取引委員会等において、証券として承認も不承認もされていません。しかし、LAOユニットを購入することでThe LAOの議決権と投資からの収益に対する比例配分権が付与されることから、LAOユニットの購入はLLCへの出資に該当すると考えられます。

　米国デラウェア州のLLCの出資について、デラウェア州法上その持分

は譲渡可能であり（DLLCA§18-702（ a ））、The LAOの運営規約に定められたケースに該当する場合や、メンバーの多数決による承認があれば譲渡可能であることから、その出資は一身専属的なものではないと判断できます。

　また、メンバーが購入したLAOユニットは、スタートアップへの投資に割り当てられるほか、The LAOの方向性などに同意できない場合には、未割当分の投資については投資を撤回し回収することができるといった性質を持っています。

（2）The LAOへの投資は、相続税の課税対象となる財産か否か

　相続税法第2条では個人が取得した一定の財産について、相続税が課税される旨が示されています。この一定の財産とは、金銭に見積もることができる経済的価値のあるすべてのものをいうとされています（相基通11の2-1）。

　前述のとおりLAOユニットは一身専属的なものではなく、スタートアップへの投資をその内容とし、また未割当分の投資については投資を撤回し回収することができます。このため、LAOユニットは金銭に見積もることができる経済的価値のあるものとして、相続税法でいうところの「財産」に該当すると考えられます。

３．相続税の納税義務者区分と課税財産の範囲
（1）相続税の納税義務者区分と課税財産の範囲

　相続税は、納税義務者区分により課税される財産の範囲が異なります。納税義務者区分は、被相続人と相続人・受遺者の住所、国籍、過去10年以内の住所の状況、在留資格などを基に判断します（Q34.1.（1）図参照）。このうち、居住無制限納税義務者及び非居住無制限納税義務者は、取得財産の全部について相続税が課されます。これに対し、居住制限納税義務者及び非居住制限納税義務者は、その取得財産のうち相続税法の施行地に所在するもののみに相続税が課されます。相続人・受遺者

に制限納税義務者が含まれる場合、課税財産の範囲を確定させるために
は、取得した財産の所在を併せて検討する必要があります。

（2）財産の所在

　LAOユニットは、2.（1）のとおりLLCへの出資に該当すると判断
されます。この場合の財産の所在は、その法人が設立され、又は組織さ
れた準拠法が施行されている場所（日米相続税条約第3条（1）（d））
又は、出資のされている法人の本店又は主たる事務所の所在（相法10①
八）により判断します。The LAOの準拠法は米国デラウェア州法であ
り、またその本店等も米国に所在すると考えられるため、LAOユニッ
トは国外財産に該当します。

（3）まとめ

　LAOユニットを居住無制限納税義務者又は非居住無制限納税義務者
が相続等した場合、財産の所在にかかわらず日本の相続税が課されます。
一方、LAOユニットを居住制限納税義務者又は非居住制限納税義務者
が相続等した場合、LAOユニットは国外財産に該当することから日本
の相続税は課されません（Q68.2.（3）表参照）。

71　投資DAOへの投資に係る財産評価 `贈与税・相続税`

> **Q** 投資DAOへの投資について、その投資に係る相続税や贈与税を計算する際の財産評価はどのように行いますか？

> **A** 投資DAOへの投資の評価は、個々のDAOの規約やその投資の内容や性質、取引実態等を勘案し個別に評価すると考えられます。本書で取り上げているThe LAOの場合、Schedule K-1とForm1065を組み合わせて評価する方法や、プロベート手続で現地の裁判所提出書類に記載された評価額を用いる方法が考えられます。

解説

1．評価の基本的考え方

　投資DAOへの投資の評価方法については、相続税法及び財産評価基本通達での取扱いが示されておらず、また、ガバナンストークンのように暗号資産の種類の一つとも解せられていないことから、財産評価基本通達5（評価方法の定めのない財産の評価）の定めに基づき、同通達に定める評価方法に準じて評価することとなります。

　具体的には、個々のDAOの規約やその投資の内容や性質、取引実態等を勘案し、その評価を行うものと考えられます。このため、本書ではQ70に引き続き、The LAOを題材にその評価の検討を行います。The LAOの詳細についてはQ70を参照してください。

2．The LAOへの投資の評価

　The LAOへの投資はLAOユニットの購入という形で行われます。LAOユニットを購入することにより、The LAOの議決権と投資からの収益に対する比例配分権が付与されることから、LAOユニットの購入

は米国デラウェア州のLLCへの出資に該当すると考えられます。米国LLCは、現地で法人課税、パススルー課税のいずれを選択しているかにかかわらず、日本の税務上は原則として外国法人として取り扱う旨が示されています（国税庁質疑応答「米国LLCに係る税務上の取扱い」）。持分会社の出資は財産評価基本通達178～193-3までの定めに準じて評価します（評基通194）。また、取引相場のない外国法人の株式は、類似業種比準方式に準じて評価することはできませんが、純資産価額方式に準じての評価が可能な旨が示されています（国税庁質疑応答「国外財産の評価―取引相場のない株式の場合（1）」）。このため、LAOユニットの評価は、財産評価基本通達185に定める純資産価額方式に準じて評価すると考えられます。

3．具体的評価方法

　The LAOは米国でパススルー課税を選択しているLLCのため、Schedule K-1とForm1065を毎年発行しています。

　Schedule K-1は、パススルー課税を受けるパートナーシップの構成員が税務申告を行うために、パートナーシップの持分に応じた損益などが記載された税務申告用の書式であり、この書式にはパートナーシップの構成員に割り振られる損益等の割合を記載する箇所があります。

　また、Form1065は、パススルー課税を選択したパートナーシップの損益や資産・負債等の情報を米国IRS（内国歳入庁）に報告するための書式であり、パートナーシップの資産・負債等の状況も記載されています。

　このためForm1065に記載された資産・負債を財産評価基本通達に従って評価して純資産価額を計算し、Schedule K-1に記載された割合を基にその評価を行う方法が考えられます。なお、The LAOは米国でパススルー課税を選択しているため、現地の法人税等に相当する税は課されません。このため、純資産価額の計算にあたり、現地の法人税等相当額

を控除することは認められません。

　このほか、LAOユニットの所有者が死亡した場合において、現地でプロベート等の手続が行われ、裁判所提出書類にLAOユニットの評価額が記載されているときには、その評価額を採用する方法も考えられます。

コラム　デジタル財産税制のゆくえ

　令和３年10月に誕生した岸田政権は、「成長と分配の好循環」と「コロナ後の新しい社会の開拓」をコンセプトとした「新しい資本主義」を提唱し、その実現に向けて様々な政策を進めています。その一環として、令和４年１月に、NFT政策検討プロジェクトチームが自民党のデジタル社会推進本部に設置されました。このプロジェクトチームにおいて、Web3.0時代及びNFTビジネスの分野を様々な領域でけん引する国内外の有識者からのヒアリングや情報収集が行われ、NFTビジネス及びWeb3.0の分野に高い専門的知見を有する外部弁護士等から構成されるワーキンググループが論点整理や執筆に加わることにより、「NFTホワイトペーパー」と呼ばれる提言書がまとめられ公表されました。

　「NFTホワイトペーパー」では、合計24の論点につき、課題認識と提言を挙げていますが、その中に税制関連の論点として以下の３つが挙げられています。

　なお、法人税における暗号資産の期末時価評価については、事業運営のために継続的に保有する場合は、法人税の期末時価評価課税の対象として課税されないように措置することについて検討し、令和５年度税制改正において結論を得ることとされています。

「ブロックチェーンエコノミーに適した税制改正」

問題の所在	日本でブロックチェーン関連事業を起業するにあたって大きな障害となっている要因の一つが、暗号資産の期末時価評価による法人税課税である。企業がトークンを発行し、一定数は譲渡せずに自社で保有する場合、当該トークンが「活発な市場が存在する暗号資産」に該当すると、自社保有分に関しては現金収入が生じていない中で、法人税法上期末時価評価の対象となる結果、含み益に対して法人税が課されることとなる。このような自社発行の保有トークンに対する時価評価課税は企業にとって極めて重い負担であり、その結果、多くのブロックチェーン関連のスタートアップ企業が日本で起業せず海外に流出する要因となっている。
提言	発行した法人が自ら保有するトークン（いわゆる「ガバナンストークン」を含む。）について、制度上の位置付け・会計実務上の取扱いの明確化等を行った上で、「活発な市場が存在する暗号資産」に該当する場合であっても期末時価評価の対象から除外し、第三者に譲渡して実際に収益が発生した時点で課税するよう税制改正や税制上の取り扱いの見直し等を行うべきである。

「利用者に対する所得課税の見直し」

問題の所在	現行の税制においては、暗号資産が資金決済法上「代価の弁済のために不特定の者に対して使用することができる財産的価値」と位置付けられていること等を踏まえ、暗号資産の売却又は使用により生じた利益は、一般的に譲渡所得には該当せず、雑所得に該当するものと解されており、以下のような課税関係となっている。 ① 暗号資産取引により生じた損益に対する所得税の課税 　個人が行う暗号資産取引により生じた損益は、所得税法上、原則として雑所得に区分されるため、**最高55％の税率で所得税及び住民税が課される**ことになる。 ② 暗号資産を他の暗号資産と交換した場合の課税 　保有する暗号資産を円やドル等の法定通貨と交換した場合だけではなく、他の暗号資産と交換した場合にも、暗号資産を譲渡したものとして、暗号資産の譲渡に係る損益に対して所得税が課されることになる。
提言	個人が行う暗号資産の取引により生じた損益について **20％の税率による申告分離課税の対象とすること**等を含めた暗号資産の課税のあり方については、暗号資産の位置付けや課税の公平性を踏まえつつ、検討を行う必要がある。

「国境を跨ぐ取引における所得税及び消費税の課税関係の整理」

問題の所在	国境を跨ぐ NFT 取引が行われた場合における課税関係について、以下の点等において必ずしも明確ではない部分があるため、国境を跨ぐ NFT 取引促進の阻害要因となっている。 ① 所得税及び法人税の課税関係 　海外の事業者が日本の居住者や内国法人との間で NFT 取引を行った場合、**日本において源泉徴収及び申告課税の対象になるか**。 ② 消費税の課税関係 　海外の事業者が日本の居住者や内国法人との間で NFT 取引を行った場合、**国内取引として消費税の課税取引に該当するか**。
提言	国境を跨ぐ NFT 取引が行われた場合における所得税及び消費税の課税関係を明確化すべきである。その上で、国内外の事業者の課税の公平性を担保するためにも、所得税及び消費税の課税対象となる場合には適切な執行がされるべきであり、そのために**必要な体制の整備等の適切な措置を講ずべき**である。また、国境を跨ぐ NFT 取引に対する課税において適切な執行を行うためには海外の当局と適切に連携していく必要があり、そのための国際的な協力の枠組みを構築、運用すべきである。

【用語解説】

用語	解説	参照Q
DAO（分散型自立組織）	Decentralized Autonomous Organizationの略。特定の所有者や管理者が存在せずともスマートコントラクトに組織運営のルールを定め、これに基づいて自律的に運営される組織のことをいう。 運営の主体となる者が存在せず、ガバナンストークンに紐づく形で、組織運営のための議決権がトークン保有者に与えられる。DeFiのアプリケーションを運営するためのプロトコルDAOや投資を行うためのDAO、NFTアートを収集するためのDAOなどがある。	64〜66
DeFi	Decentralized Financeの略で、ブロックチェーン上の分散型アプリケーション、スマートコントラクトにより構築・運用される暗号資産の金融サービス。	57〜58
DEX（分散型取引所）	暗号資産を別の種類の暗号資産に交換するための取引所のうち、ブロックチェーン上の分散型アプリケーションによってその機能が提供されているものをいう。	58、60
ICO	企業等が新しい種類の暗号資産を公開し、それを購入してもらうことで資金の調達を行うこと。	14
NFT	Non Fungible Tokenの頭文字をとったもので、非代替性トークンと訳される。 ブロックチェーン技術を用いて発行される固有IDを持つトークンのことで、NFTとデジタルコンテンツを結び付けることにより、デジタルコンテンツに真正性・希少性を持たせることが可能になった。	38、39
OpenSea	NFTが取引されている米国のマーケットプレイス（取引所）。 NFTの取引が行われる取引所の中でも、最大規模の取引量がある取引所である。	40
STO	セキュリティトークン（国債・社債・株式などを電子化したものなどをいう）を活用して資金調達を行うこと。	14
暗号資産	インターネット上でやり取りできる財産的価値で、ブロックチェーン技術により取引が記録されるもの。法令上は資金決済法第2条第5項に定義されている。	8
暗号資産の秘密鍵	秘密鍵とは、暗号資産の所有者であることを示す機密データのことをいう。暗号資産を使用するには、秘密鍵による電子署名が必要とされ、この秘密鍵を紛失すると暗号資産は使用できなくなる。 秘密鍵は、ウォレットで管理・保管する。ウォレットには、ソフトウェアのウォレット、専用デバイスを用いるもの、紙に印刷したものがある。	11
イーサリアム	分散型アプリケーションや分散型アプリケーションを活用したスマートコントラクトを構築するためのブロックチェーン技術を用いたプラットフォームのこと。	―
移動平均法	同じ種類の暗号資産について、暗号資産を購入する都度、その購入時点において保有している暗号資産の購入価額の総額をその時点で保有している暗号資産の数量で除して計算した価額を暗号資産の購入単価とする方法。	17
ガバナンストークン	DAOの運営における意思決定において、保有者に投票の権利を与えるトークンのこと。	64
個別法	暗号資産の個々の取得価額をその取得価額とする方法。	17

用語	解説	参照Q
ステーキング・バリデーター	暗号資産などを保持し、ブロックチェーンのネットワークに参加することで、報酬を得る方法。「ステーキング」をする者を「バリデーター」という。	13
ステーブルコイン	価格の安定性を実現するように設計された暗号資産のこと。価格の安定性を実現するための手段からいくつかの種類に分類され、発行時に法定通貨を担保に預け入れる法定通貨担保型や発行時に暗号資産を担保に預け入れる暗号資産担保型などがある。	65
スマートコントラクト	ブロックチェーン上で動作するプログラムのことをある種の契約と見立てたもののこと。暗号資産取引以外の金融分野などで活用されている。	7
総平均法	同じ種類の暗号資産について、年初時点で保有する暗号資産の評価額とその年中に購入した暗号資産の購入価額の合計額をこれらの暗号資産の総量で除して計算した価額を暗号資産の購入単価とする方法。	17
デジタル財産	「デジタルデータのうち、資産性のあるものすべて」のものをいう。 「一身に専属するデジタル財産」「通貨型デジタル財産」「逓減型デジタル財産」「ブロックチェーン技術を使ったデジタル財産」などがある。	1
トークン	ブロックチェーン技術を利用して、発行される電子的な証票のことをいう。DAOの運営に参加する権利を表すガバナンストークン、債券や株式などの有価証券をトークン化したセキュリティトークン、トークン一つ一つに固有のIDを持たせたNFTなどがある。	―
ナンス値	使い捨てのランダムな値であり、0～4、294、967、295の整数をとる。ビットコインの場合、ブロックヘッダ（前のブロックのハッシュ値、ナンス値などから構成）を基に生成した新しいハッシュ値の最初にゼロが一定個数並ぶようなナンス値を総当たり計算で探し出した者に報酬が与えられるように設計されている。	6
ノード	ネットワーク上にある端末のこと。	5
ハッシュ値	あるデータを長さに関わらず一定の長さの文字列で出力するハッシュ関数というものにデータを入力して計算された値。ハッシュ値の元となったデータと1文字でも改ざんするとハッシュ値が全く別の値になるためデータの改ざんの有無を把握することができる。ハッシュ値から元のデータを計算することは事実上できない。	6
フォーク（ソフトフォーク・ハードフォーク）	ブロックチェーンの仕様変更時などに、これまで使われてきたブロックチェーンから新しいブロックチェーンが生成される際の枝分かれのこと。一時的に分裂するもののいずれ統合されるソフトフォークと分裂後統合されることのないハードフォークがある。	22
プルーフオブステーク	暗号資産の保有量が多ければ多いほど当たりやすいくじ引きによりブロックを生成する者を決める仕組み。	6
プルーフオブワーク	取引の承認にあたって、一定の条件を満たすナンス値を探し出すといった多大な計算を課すことにより、ブロックチェーンデータの改ざんを困難にする仕組み。	6
ブロックチェーン	情報通信ネットワーク上にある端末同士を直接接続して、暗号技術を用いて取引記録を分散的に処理・記録するデータベースの一種。前のブロックのデータを要約したハッシュ値・ナンス値・取引内容・電子署名などのデータを格納したブロックがチェーン状に連なっていることからこのように呼ぶ。 多大な計算量が必要な問題を最初に解いた者や多くの暗号資産を保有する者などによって取引が記録される。	5、6

用語	解説	参照Q
マイニング・マイナー	ブロック内の条件を満たすハッシュ値が現れるまでナンス値を入れ替えて総当たり計算を行うことを「マイニング」といい、ビットコインなどの暗号資産ではマイニングを行った者に報酬を与える仕組みを採用している。この「マイニング」をする者を「マイナー」という。	6
メタバース	多人数が参加可能で、参加者がアバターを操作して自由に行動でき、他の参加者と交流できるインターネット上に構築される仮想の三次元空間のこと。	50
流動性マイニング	暗号資産を分散型取引所に預け入れることで、報酬としてその取引所のガバナンストークンを得ること。	12
レンディング	暗号資産の貸し借りをブロックチェーン上の分散型アプリケーションによって行うサービスのこと。	58、59
レンディングプラットフォーム	ブロックチェーン上の分散型アプリケーションによって提供される暗号資産の貸借を行うサービスを提供するプラットフォームのことをいう。	59

【参考文献】

- 岸上順一ほか「ブロックチェーン技術入門」森北出版、2017年
- 松浦健一郎・司ゆき「入門 仮想通貨の作り方 プログラミングで学ぶブロックチェーン技術・ハッシュ・P2Pのしくみ」秀和システム、2018年
- 河合健ほか「デジタルマネー・デジタルアセットの法的整理（第1回）法的分類と枠組み」NBL2019年11月1日号
- 井上乾介ほか「NFTと法律関係（第3回NFTと著作権法）」NBL2021年12月1日号
- 日銀レビュー「暗号資産における分散型金融—自律的な金融サービスの登場とガバナンスの模索—」
- 金融庁「暗号資産事務ガイドライン」
- 河合健ほか「Q&A実務家のための暗号資産入門—法務・会計・税務—」新日本法規、2020年
- 佐藤善恵「ICOによる資金調達を巡る税務」月刊税務ＱＡ2022年8月号
- 金子宏「租税法〔第24版〕」弘文堂、2021年
- 佐藤英明「スタンダード所得税法〔第3版〕」弘文堂、2022年
- 注解所得税法研究会編「注解所得税法〔六訂版〕」大蔵財務協会、2019年
- 樫田明ほか「所得税基本通達逐条解説令和3年度版」大蔵財務協会、2021年
- 八木橋泰仁「ビットコイン大破産時代の到来」ビジネス社、2020年
- 松嶋隆弘・渡邊涼介編「改正資金決済法対応 仮想通貨はこう変わる!!暗号資産の法律・税務・会計」ぎょうせい、2019年
- 法令用語研究会編「法律用語辞典〔第5版〕」有斐閣、2020年
- 安河内誠「仮想通貨の税務上の取扱い—現状と課題—」税大論叢第88号、2017年
- 林賢輔「暗号資産（仮想通貨）に係る取引から生ずる所得の国内源泉所得への該当性についての考察」税大論叢第101号、2020年
- 上田正勝「所得税法における『対価』の意義について」税大論叢第102号、2021年
- 延平昌弥ほか「事例で学ぶ暗号資産（仮想通貨）の会計・税務Ｑ＆Ａ60選」清文社、2019年
- 大蔵財務協会編「改正税法のすべて令和元年版」大蔵財務協会、2019年
- 週刊Ｔ＆Amaster（2022年4月25日号、2022年5月30日号）
- 衣斐瑞穂「判解」法曹時報68巻6号
- 武井勇樹「60分でわかる！メタバース超入門」技術評論社、2022年
- 松村雄太「図解ポケットメタバースがよくわかる本」秀和システム、2022年
- 下尾裕「NFT関連取引を巡る税務上の論点整理」租税研究2022年8月号
- 泉絢也「NFTと所得税法上の課税問題」月刊税務事例2022年3月号
- 天羽健介・増田雅史編「NFTの教科書」朝日新聞出版、2021年
- 足立明穂「だれにでもわかるNFTの解説書」ライブ・パブリッシング、2021年
- 泉絢也・藤本剛平「事例でわかる！NFT・暗号資産の税務」中央経済社、2022年
- 増島雅和「web3,DAOとガバナンストークンの実務」企業会計2022年11月号
- 我妻榮ほか「我妻・有泉コンメンタール民法—総則・物権・債権〔第8版〕」日本評論社、2022年

【著者略歴】

河合　厚

税理士・税理士法人チェスター東京本店代表兼審査部部長、東京国際大学特任教授。
国税庁出身で、国税庁個人課税課課長補佐（審理担当）、税務大学校専門教育部主
任教授、大阪国税不服審判所審理部長、税務署長を歴任。令和2年、税理士法人チ
ェスター審査部部長。主な著書に『適用判定がすぐわかる！小規模宅地特例』（共著、
令和3年7月、ぎょうせい）、『精選Q&A 相続税・贈与税全書』（共著、令和4年11
月、清文社）、『使える！事業承継税制　令和元年改訂版』（共著、令和元年7月、
大蔵財務協会）。

柳谷　憲司

税理士

大学卒業後、国税専門官として採用され東京国税局に入局。同局管内の税務署にお
いて、個人事業主や海外取引を行っている個人への税務調査及び申告相談事務等、
東京国税局課税第一部国税訟務官室及び国税庁課税部審理室において訟務（税務訴
訟）事務、東京国税不服審判所において審査請求の調査事務に従事。令和3年9月
に税理士登録後、勤務税理士を経て、個人の「デジタル財産」「国際税務」「税務調
査」「審理」に特化した柳谷憲司税理士事務所を開業。

小林　寛朋

税理士。税理士法人チェスター所属。

大原学園グループ相続税法課にて社会人向けに税理士試験（相続税法）の講師を務
める。その後、税理士法人山田＆パートナーズにおいて相続税申告のほか、国際事
案・組織再編などの幅広い資産税業務に従事し現職。税理士法人チェスターでは、
部長職に従事したのち、現在は主に海外関係の相続税申告・相続実務アカデミーの
情報発信業務に従事。

関与先から相談を受けても困らない！
デジタル財産の税務Q&A

令和5年1月20日　第1刷発行

著　者　河合厚・柳谷憲司・小林寛朋
発　行　株式会社 ぎょうせい

〒136-8575　東京都江東区新木場1-18-11
URL：https://gyosei.jp

フリーコール　0120-953-431
ぎょうせい　お問い合わせ 検索 https://gyosei.jp/inquiry/

〈検印省略〉

印刷　ぎょうせいデジタル株式会社　　　　　　©2023 Printed in Japan
※乱丁・落丁本はお取り替えいたします。

ISBN978-4-324-11241-0
(5108853-00-000)
〔略号：デジタル税務〕